Autor _ Tocqueville
Título _ Viagem aos Estados Unidos

Copyright _ Hedra 2010

Tradução© _ Plínio Augusto Coêlho

Corpo editorial _ Adriano Scatolin,
Alexandre B. de Souza,
Bruno Costa, Caio Gagliardi,
Fábio Mantegari, Iuri Pereira,
Jorge Sallum, Oliver Tolle,
Ricardo Musse, Ricardo Valle

Dados _

Dados Internacionais de Catalogação na Publicação (CIP)

T562 Tocqueville, Alexis de (1805–1859)
Viagem aos Estados Unidos. / Alexis de
Tocqueville. Tradução de Plínio Augusto
Coêlho. – São Paulo: Hedra, 2010. 112 p. 112 p.

ISBN 978-85-7715-189-9

— 1. Democracia. 2. Sistema Político. 3. Estados
Unidos. 4. História dos Estados Unidos.
— 5. Relato de Viagem. I. Título. II. Alexis Henri
Charles Clérel (1805–1859) III. Alexis de
— Tocqueville (1805–1859). IV. Coêlho, Plínio
Augusto, Tradutor. V. Beaumont, Gustave de
— (1802–1866)

CDU 321.7:973
CDD 321.78097

Elaborado por Wanda Lucia Schmidt CRB-8-1922

Direitos reservados em língua
portuguesa somente para o Brasil

EDITORA HEDRA LTDA.

Endereço _ R. Fradique Coutinho, 1139 (subsolo)
05416-011 São Paulo SP Brasil

— Telefone/Fax _ +55 11 3097 8304

E-mail _ editora@hedra.com.br

Site _ www.hedra.com.br

Foi feito o depósito legal.

Autor _ Tocqueville
Título _ Viagem aos Estados Unidos
Tradução _ Plínio Augusto Coêlho
Introdução _ Gustave de Beaumont
São Paulo _ 2010

hedra

Alexis Henri Charles Clérel de Tocqueville (Paris, 1805–Cannes, 1859), pensador político, historiador e escritor, tratou de temas como a Revolução Francesa e a democracia americana. Membro de uma família aristocrática, Tocqueville parte com o irmão para a Itália em 1826. Em 1827, de volta à França, é nomeado juiz auditor, a despeito da pouca idade. Escreve o clássico *A democracia na América*, cujo primeiro volume é publicado em 1835 e o segundo em 1840. Com a redução no limite mínimo de idade para a candidatura à Câmara dos Deputados, Tocqueville concorre em 1836, ainda sem sucesso. Logra êxito em 1839, pela primeira vez, e, reelegendo-se posteriormente, permanece na Câmara até o golpe de 1851, que leva Luís Napoleão ao poder. Denunciando na imprensa inglesa a farsa bonapartista, tem de afastar-se da política e dedica-se, a partir de então, aos estudos e à publicação de obras sobre política e história, esforços que o consumirão até o fim da vida. Tocqueville é um dos grandes representantes do pensamento liberal clássico, com participação ativa na política francesa de seu tempo. Além de *A democracia na América*, publicou *Du système pénitentaire aux États-Unis et de son application en France* (Do sistema penitenciário nos Estados Unidos e da sua aplicação na França, 1833), *Mémoire sur le paupérisme* (Memória sobre o pauperismo, 1835) e *O antigo regime e a revolução* (1856).

Viagem aos Estados Unidos, 1831-1832 é um relato de viagens, dentre outros escritos pelo autor, tal como *Viagens à Inglaterra e à Irlanda* (1835). Em missão especial do governo francês para pesquisar o sistema penitenciário, Tocqueville parte para os Estados do Novo Mundo com "o objetivo verdadeiro e premeditado" de estudar "as instituições e [os] costumes da sociedade americana", conforme relata seu companheiro Gustave de Beaumont, que assina a introdução. Depois de realizar o trabalho sobre as prisões para o qual havia sido designado, Tocqueville viajou pela América do Norte buscando apreender ao máximo a conjuntura e a história locais. Em *Viagem aos Estados Unidos, 1831-1832*, o autor apresenta, em forma de diário, suas impressões e entrevistas com pessoas locais, iniciando por sua passagem por Nova York, em 29 de maio de 1831, até sua estadia em Washington, em 30 de janeiro de 1832, passando por diversas outras cidades. Com uma observação atenta e uma impressionante capacidade de descrição da realidade social, Toqueville apresenta elementos que permitem uma compreensão sociológica e política dos Estados Unidos e do Canadá naquela época. Dentre os temas, destacam-se as instituições políticas, a democracia, o colonialismo, a escravidão, o sistema judiciário, os comportamentos sociais , a cultura predominante e os indígenas, o processo de urbanização, a religião, a situação da mulher e a liberdade de expressão.

Plínio Augusto Coêlho é tradutor desde 1984, quando fundou a Novos Tempos Editora, em Brasília, dedicada à publicação de obras libertárias. A partir de 1989, transfere-se para São Paulo, onde cria a Editora Imaginário, mantendo a mesma linha de publicações e traduzindo dezenas de obras, dentre elas *Escritos sobre arte*, Baudelaire (Hedra, 2008), *Joana D'arc*, Jules Michelet (Hedra, 2007) e *Viagens à Inglaterra e à Irlanda*, Toqueville (Imaginário, 2000). É idealizador e cofundador do IEL (Instituto de Estudos Libertários).

Gustave de Beaumont (1802-1866) foi colaborador e amigo de Tocqueville, acompanhando-o em suas viagens. Seu nome é permanentemente associado ao de Tocqueville e suas realizações.

SUMÁRIO

Introdução, por Gustave de Beaumont — 9

VIAGEM AOS ESTADOS UNIDOS, 1831–1832 — 35

INTRODUÇÃO

Tocqueville nasceu em Paris, em 29 de julho de 1805. Sua mãe, nascida Le Peletier de Rosambo, era neta de Malesherbes; seu pai, o conde de Tocqueville, foi sucessivamente sob a Restauração *préfet*[1] de Metz, Amiens, Versalhes, e par de França.[2] Criado com seus pais, deles recebeu a educação dos bons sentimentos e das boas maneiras que só são aprendidos no seio da família, e teve por preceptor, podemos dizer, por segundo pai, um homem de grande saber e elevada virtude, o abade Lesueur, que, conquanto desejoso de instruí-lo, dedicou-se menos a dar-lhe um grande número de conhecimentos do que a desenvolver seu espírito e a formar seu coração. A verdade é que sua primeira instrução foi um pouco negligenciada e que só começou realmente seus estudos clássicos no colégio de Metz, no qual ingressou aos catorze ou quinze anos, na época em que seu pai era *préfet* dessa cidade (1820). Fraco em latim e grego, foi, de início, o primeiro nas redações francesas, nas quais o espírito natural conta mais do que a ortografia; e recentemente a Academia Imperial de Metz registrava com orgulho em seus Anais que, em 1822, Ale-

---

[1] Representante do poder central e do departamento (estado). [N. do T.]

[2] O conde de Tocqueville publicou, nos últimos anos de sua vida, duas célebres obras: a primeira, intitulada *Histoire Philosophique du Règne de Louis* XV, 2 volumes in-8°; a segunda, *Coup d'Œil sur le Règne de Louis* XVI, 1 volume in-8°.

xis de Tocqueville, aluno de retórica, havia ali obtido os primeiros lugares.[3] Ao sair do colégio, viajou.

Era 1826. Em companhia de seu irmão Édouard,[4] irmão mais velho e seu guia, percorreu a Itália, da qual visitou todas as principais cidades, e fez uma excursão na Sicília. Mostrou desde logo, nessas viagens, a curiosidade e a atividade de espírito que manifestava em toda parte. É o que atestam dois manuscritos bastante volumosos que contêm suas notas e suas impressões de cada dia. Seguramente esses manuscritos não são obras-primas, e seu autor não se fazia nenhuma ilusão elogiosa quanto ao mérito dessas primeiras obras, pois lemos, escrito por sua própria mão no envelope de uma delas: *muito medíocre*. Mas a anotação é pelo menos severa; e ainda que fosse merecida, não deixaria de ser interessante estudar, nessas primeiras tentativas de um grande escritor, a via trilhada por seu espírito, seus tateios, seus mal-entendidos, seus recuos, e os desvios pelos quais percorreu seu verdadeiro caminho.

É, com efeito, curioso ver o jovem viajante, em sua chegada à Itália, abordar inicialmente esse país como o fazem todos os turistas: visita escrupulosamente todos os museus sem deixar de ver um único quadro, não omite nenhuma medalha, observa todas as obras dos grandes mestres da arte. Faz mais: começa um estudo aprofundado dos princípios da arquitetura antiga da qual tenta definir bem todos os tipos e observar todos os modelos. Evidentemente, esse trabalho não era muito de seu gosto; e não dá continuidade. Roma, onde não encontra apenas

---

[3] Discurso do sr. Salmon, presidente da Academia de Metz, em 15 de maio de 1859.

[4] Naquele momento o barão, depois o visconde de Tocqueville, o segundo de seus irmãos, ambos mais velhos do que ele.

museus, mas onde os monumentos são também grandes lembranças, sugere-lhe sua primeira obra de imaginação.

O autor supõe que um dia, após uma longa caminhada por Roma, escala o Capitólio do lado do Campo Vaccino;[5] que ali, vencido pela fadiga, cai por terra e adormece. Durante seu sono a Roma antiga aparece-lhe por inteiro com seu passado, seus heróis, sua glória, seu poder, sobretudo sua liberdade; vê, assim, suceder-se diante de si todos os grandes acontecimentos e todos os grandes homens da antiguidade romana, desde a fundação da República até o assassinato de César, desde o primeiro Brutus até o advento de Augusto.

De repente, é despertado por uma procissão de monges descalços que, para ir à sua igreja, montam os degraus do Capitólio, enquanto um pastor toca uma sineta com a qual reúne seu rebanho que pasta no fórum. "Levantei-me", diz, "caminhando lentamente para minha casa, virando de vez em quando a cabeça e me dizendo: pobre humanidade, o que és?..."

Esse quadro, que para ser preenchido demandaria todo o gosto e a imaginação que ele tinha e a erudição que talvez lhe faltasse naquele momento, não era o mais apropriado às faculdades de Alexis de Tocqueville. Entretanto, já se pressente o homem em devir nessa obra, na qual ele data a decadência de Roma da época em que perdeu sua liberdade.

Percebemo-lo melhor ainda na viagem à Sicília, na qual, testemunha das misérias que faz pesar sobre esse país um detestável governo, é conduzido a meditar sobre as

---

[5] Campo Vaccino era o nome que designava a área de pastagem em Roma sob a qual estavam as ruínas do Forum. [N. do E.]

condições inaugurais das quais depende o infortúnio ou a prosperidade dos povos. Ele de início havia pensado só em descrever o aspecto exterior do país, mas logo só descreve as instituições e os costumes, e as descrições desaparecem para dar lugar às ideias.

Terminava na Sicília essa viagem e o manuscrito da qual trouxe, quando um decreto real de 5 de abril de 1827 chamava-o de volta à França. Por esse decreto ele era nomeado juiz auditor, e vinculado nessa qualidade ao tribunal de Versalhes. Acabara de completar vinte e um anos, isto é, a idade legalmente exigida para entrar na magistratura.

Se Alexis de Tocqueville tivesse sido um homem comum, seu destino já se encontraria traçado: seu nome, sua família, sua posição social, sua carreira determinavam seu caminho a seguir. Neto de Malesherbes, não estava seguro de alcançar os postos mais elevados da magistratura, inclusive sem esforço, e apenas deixando passar o tempo? Jovem, agradável, aliado a todas as grandes famílias, feito para aspirar aos mais belos partidos, que já lhe eram oferecidos, ele teria desposado alguma rica herdeira. Sua vida, fechada num círculo de antemão circunscrito, teria se passado, por sinal, suave e honestamente, na realização regular dos deveres de sua função, no seio do bem-estar que a posse de uma grande fortuna concede, no meio dos interesses sérios da justiça e das tranquilas fruições da vida privada.

A existência assim compreendida não convinha nem à natureza de seu espírito nem a seu caráter; e, de início, certo de não dever sua promoção senão a si próprio, logo buscou na carreira na qual ingressava o aspecto pelo qual poderia aplicar suas faculdades. Sabemos que as funções de juiz auditor, transformadas logo a seguir naquelas de juiz suplente, não implicavam por si mesmas a obrigação de nenhum serviço muito ativo, a menos que o titular fosse chamado a tomar parte nos trabalhos do ministério público. Alexis de Tocqueville solicitou e conseguiu ser associado a esses trabalhos. Foi lá que encontrou entre seus colaboradores um substituto, Gustave de Beaumont, com o qual iniciou relações tornadas em pouco tempo uma ligação íntima, e mais tarde, uma estreita amizade.

Bastou Alexis de Tocqueville desempenhar um certo número de vezes a função do ministério público, no tribunal de Versalhes, para que sua palavra grave, a expressão séria de seu pensamento, a maturidade de seu juízo e a superioridade de seu espírito, posicionassem-no em destaque. Seu maior sucesso não se dava junto à multidão; mas nunca lhe faltou qualquer sufrágio eminente; ninguém duvidava de que um brilhante futuro era-lhe reservado, e vários presidentes dos tribunais prognosticaram-lhe um destino elevado. Convém apenas observar que nesses presságios pensava-se mais em Malesherbes do que em Montesquieu.

Todavia, se todas as suas qualidades convinham perfeitamente à magistratura, essa carreira talvez não fosse aquela que melhor convinha à natureza de seu espírito. Alexis de Tocqueville possuía no mais elevado grau a faculdade tão rara de generalizar suas ideias; e precisamente porque era superior nisso, era sempre para lá que tendia sua inteligência. O juiz segue de hábito uma tendência completamente oposta que ele extrai nos próprios hábitos de sua profissão, onde seu espírito não se nutre senão de causas e casos particulares. O pensamento de Alexis de Tocqueville sofria por estar preso nos limites de uma especialidade. O incômodo que ele sentia crescia à medida que o processo a ser julgado era de pouca importância; ao contrário, seu talento crescia na proporção da gravidade da causa, como se os laços que imobilizavam sua inteligência fossem desfeitos ou afrouxados.

É necessário dizer que esse espírito, tão ávido de independência e espaço, saía amiúde da esfera estreita do direito, onde só o exercício de sua profissão o retinha, para entrar na arena tão livremente aberta às questões gerais da política? Quando a parte dos trabalhos jurídicos havia sido feita, quando os deveres da audiência e do ministério público haviam sido cumpridos, os dois colegas, tornados amigos, unidos pelo laço de gostos comuns tanto quanto por aquele de ideias e opiniões semelhantes, precipitavam-se sobre os estudos de suas escolhas, sobretudo aqueles que tinham por objeto a história. E, então, quanta atividade! Quanta emulação! Quanto encanto nessa vida laboriosa! Quanta sinceridade na busca do verdadeiro em todas as coisas! E quanto ímpeto em relação ao futuro, ao futuro sem limites, sem nuvens, tal como se abrissem a espíritos ardentes e a corações generosos as paixões e a fé da juventude numa época de crença e paixão!

Aqueles que não viram essa época (1827–1828), e que só conhecem a apatia e a indiferença de hoje, dificilmente compreenderão os ardores desse tempo. Doze anos haviam transcorrido desde a queda do Império. Pela primeira vez a França havia conhecido a liberdade, e a tinha amado. Essa liberdade, consolação para uns, soberano bem para outros, criara para todos um novo país. Instituições colocadas no lugar de um homem, novos costumes, no meio de uma paz profunda o desenvolvimento de ideias, sentimentos e necessidades até então desconhecidos, tudo havia contribuído a disseminar numa nação regenerada uma nova vida. Sim, é preciso reconhecê-lo, fora dos velhos partidos da Revolução e do Império, cujo liberalismo não foi senão mentira, e no meio das dissidências inerentes à própria liberdade, houve, então, uma França sinceramente liberal, apaixonada pelas novas instituições, orgulhosa de mantê-las, pronta a alarmar-se por seus perigos e ver em sua queda ou em sua manutenção o fracasso ou o sucesso de seu próprio destino. Era a primeira vez que se colocava seriamente na França o grande problema da liberdade constitucional. Parecia que o país tinha o sentimento do que continha de perigoso essa primeira experiência. Assim, com que ansiedade a França assistia aos debates dessa grande causa! Com que emoção via surgir o mínimo sintoma de tempestade, de qualquer lado que viesse, do povo ou do príncipe! Quanto interesse provocavam, então, os mínimos incidentes da vida pública, o ato arbitrário de um agente, um processo de imprensa, um veredicto do júri, a publicação de um livro, uma palavra pronunciada na tribuna, algumas vezes um artigo de jornal!

Era, por sinal, o momento em que a luta dos partidos que dividiam o governo tanto quanto o país ia assumir o caráter mais ofensivo. Mais alguns dias e não mais haveria entre o governo da Restauração e sua queda senão o ministério do sr. de Martignac, essa suprema tentativa dos homens ponderados, cujo sucesso talvez tivesse poupado a França de muitas infelicidades!

Alexis de Tocqueville contemplava o espetáculo dessa grande luta com todas as paixões comuns à juventude dessa época, adicionando-lhe uma sabedoria e uma profundidade de observação bem raras. Tinha, desde então, um certo número de opiniões muito definidas em política.

Seu primeiro princípio era que todo povo, digno desse

nome, deve participar do governo de seus próprios interesses, e que sem instituições livres não pode existir para um país verdadeira grandeza, nem para aqueles que o administram verdadeira dignidade: seu orgulho não admitia que jamais pudesse servir a um senhor. Esta era para ele uma verdade fundamental que lhe viera simultaneamente do espírito e do coração. Sentia igual ódio pela demagogia e por seu produto natural, o poder absoluto. Sem excluir qualquer forma de governo livre, mesmo a república, acreditava firmemente que, no estado da França e de seus costumes, a forma que melhor lhe convinha era a monarquia constitucional, aquela que conciliava a autoridade do príncipe com a representação nacional; e se fazia votos pela consolidação da linhagem primogênita dos Bourbons, é porque acreditava que com ela era mais fácil conservar a liberdade do que com toda dinastia de origem revolucionária.

Entretanto, ao mesmo tempo que pensava ser possível e desejava tão ardentemente o sucesso daqueles que tentavam realizar o acordo da monarquia com a liberdade, Alexis de Tocqueville percebia claramente as dificuldades da empresa e a imensidão dos abismos que já se abriam sob os passos de nossa geração; e era o que tornava tão solene a seus olhos o grande drama cujas cenas começavam a acontecer.

Nunca seu olhar detinha-se na superfície dos fatos percebidos por todo o mundo: era bem mais penetrante. E já uma olhada retrospectiva em nossa história fazia-lhe entrever as grandes questões que ele aprofundou a seguir, e nas quais buscava desde logo a explicação de seu tempo.

Ele bem via, malgrado a paz exterior que reinava na superfície da sociedade francesa, que estávamos sempre em revolução. Mas o que o impressionava antes de tudo era o caráter profundamente democrático dessa revolução, era o princípio da igualdade apoderando-se das sociedades modernas e nelas estabelecendo-se como dominante; e já se colocavam em seu espírito os grandes problemas que deveriam preencher sua vida, e para o estudo dos quais iria um dia interrogar o Novo Mundo.

Como a igualdade se conciliará com a liberdade? Como impedir o poder emanado da democracia de tornar-se todo-poderoso e tirânico? Onde encontrar uma força para lutar contra ele, lá onde só há homens, todos iguais, é verdade, mas igualmente fracos, isolados e impotentes? O futuro das sociedades modernas seria simultaneamente a democracia e o despotismo? Tais eram as questões que desde logo ocupavam seu espírito e perturbavam sua alma.

Disseram com razão que Alexis de Tocqueville era um pensador; sim, e um pensador cuja cabeça, sempre trabalhando, nunca descansava. Essa expressão de pensador seria contudo inexata se ela desse dele a ideia que ela supõe comumente de um filósofo abstrato, aprazendo-se nas especulações da metafísica, amando a ciência em si mesma e apaixonando-se por uma ideia ou por uma teoria independentemente de sua aplicação; descrevo aqui o verdadeiro filósofo e o verdadeiro homem de ciência; tal não era absolutamente Alexis de Tocqueville, cuja meditação tinha sempre um objetivo atual e determinado. Ele era, a bem da verdade, pouco versado na filosofia pela qual tinha pouco interesse, da qual conhecia imperfeitamente a língua, e da qual, certo ou errado, as disputas sempre lhe pareceram mais ou menos vãs. Em determinado momento, em sua juventude, seu espírito, impaciente pela dúvida, havia buscado nela um apoio, mas não encontrou ali nenhuma ajuda. Podemos ver em suas anotações dessa data os esforços e os sofrimentos de sua inteligência quando, perseguindo a verdade com ardor, percebe a enfermidade e a impotência do espírito humano, mas repente, parece abandonar essa quimera e escreve dolorosamente estas palavras: "Não há verdade absoluta", e alhures escreve estas outras palavras ainda mais tristes: "Se eu fosse encarregado de classificar as misérias humanas, eu o faria nesta ordem: (a) As enfermidades; (b) A morte; (c) A dúvida".[6]

Como todos os espíritos que querem instruir-se, ele começava pela dúvida; a exemplo de todas as almas enérgicas, apegava-se fortemente ao sentimento que enfim adotara como o mais verdadeiro e o mais justo, e dele fazia a lei absoluta de sua conduta. Inicialmente hesitante em relação à regra, não o era absolutamente quanto ao dever, uma vez admitida a regra. Era tão resoluto na ação quanto havia sido tímido na resolução. Essencialmente prático em todas as suas especulações intelectuais, jamais se ocupava do passado senão pelo presente, e dos povos estrangeiros senão por seu país. Assim é que seus estudos históricos, e nesses estudos aqueles que tinham por objeto nossa primeira revolução, reportavam-se todos ao estado atual da França, e aos acontecimentos contemporâneos, tornados cada vez mais graves, que pressagiavam novas agitações, talvez uma nova revolução.

Essa revolução eclodiu. Alexis de Tocqueville aderiu sem hesitação, mas sem ímpeto, ao governo de 1830. Já possuía uma faculdade que sempre teve, aquela de ver mais rápido e mais longe do que os outros. Essa exaltação

---

[6] Lettre à M. Charles***. [Os asteriscos indicam lacuna ou omissão. (N. do E.)]

moral que excita um grande movimento popular, o entusiasmo, o júbilo, as vivas esperanças que saúdam de hábito um novo regime, nada disso o tocava. A revolução de julho pareceu-lhe uma infelicidade. Temia que um príncipe que tivesse subido assim ao trono se deixasse levar pela guerra a fim de se fazer temer, ou demasiado inclinado à fraqueza para se fazer perdoar. No entanto, a Constituição de 1830 era a segunda, talvez a última chance oferecida ao estabelecimento na França da monarquia constitucional e da liberdade política. Ele não podia recusar sua adesão; fê-la com tristeza, e, seis meses depois, partia para os Estados Unidos.

Nenhum laço poderoso o retinha na França, e uma irresistível curiosidade de espírito levava-o à América. O interesse de sua carreira de magistrado era aproximadamente nulo a seus olhos. Que chance o filho do *préfet* da Restauração tinha de receber do governo de julho uma promoção que o governo da Restauração não havia dado ao neto de Malesherbes, juiz auditor em Versalhes havia quase quatro anos? Por outro lado, a revolução à qual acabara de assistir, as cenas violentas que ela gerara, as paixões desencadeadas, as teorias estranhas eclodidas, tudo isso só fez aumentar nele o interesse e a gravidade das questões que se agitavam em seu espírito; e cada vez mais convicto de que a França, ao avançar fatalmente para a Democracia, também caminhava para seus perigos, decidiu ir visitar o único grande país do mundo onde esses perigos foram conjurados, e onde, com a igualdade absoluta, também reina a liberdade. Revelou seu projeto a seu ex-colega de Versalhes, naquele momento substituto do procurador do rei em Paris, que o acolheu com entusiasmo. Uma dificuldade, no entanto, detinha-os: é que, como magistrados, ambos não podiam ausentar-se sem licença; tratava-se, pois, de encontrar para essa ausência uma causa legítima que os colocasse em situação legal. Nessa época em que, como sempre ocorre no dia seguinte de uma revolução, todas as ideias de inovação eram estimadas, uma reforma de interesse real conquanto secundário, aquela das prisões, atraía a atenção pública. Falava-se de um sistema penitenciário praticado com sucesso nos Estados do Novo Mundo. Os dois jovens magistrados apresentaram ao ministro do Interior, o conde de Montalivet, uma Memória na qual, após ter exposto a questão, ofereciam-se a ir estudá-la *in loco*, se recebessem essa missão oficial. Esta missão foi-lhes dada; e, com o apoio do ministro da Justiça, o substituto e o juiz auditor partiram com uma licença devidamente concedida. Com frequência foi dito que essa missão havia sido para Alexis de Tocqueville a causa de sua viagem: a verdade é que ela foi sua oportunidade e seu meio. O objeto verdadeiro e premeditado foi o estudo das instituições e dos costumes da sociedade americana.

A VIAGEM À AMÉRICA

Se para os dois viajantes a observação das prisões da América foi menos o objeto do que o pretexto dessa viagem, apressemo-nos a dizer que eles deram a esse estudo uma atenção tão séria quanto se ela tivesse sido seu único objeto.

Tão logo chegaram a Nova York (em 10 de maio de 1831), entregaram-se com zelo à realização de sua missão oficial. Singsing e Auburn no estado de Nova York, Wethersfield em Connecticut, Walnut Street e Cherry Hill na Pensilvânia, todos estabelecimentos aos quais esses locais deram seu nome, e um monte de outros menos célebres nos anais penitenciários, foram sucessivamente o objeto de seu exame mais conscienciso. Poder-se-á julgar por um único exemplo a importância que eles davam a esse trabalho; o fato que vou citar lança, por sinal, uma luz curiosa sobre uma das faculdades de Alexis de Tocqueville, sobre sua memória.

Quando, na Filadélfia, encontraram-se diante da famosa prisão de Cherry Hill, onde estava em vigor o sistema de isolamento absoluto de dia e de noite, eles pensaram que o que importava para dar-se conta dos efeitos desse regime era examinar não apenas o estado físico dos detentos, mas ainda e sobretudo seu estado moral. A nota do diretor relativa a cada um deles dizia: *conduta perfeita, conduta excelente*; mas os comissários franceses não puderam impedir-se de perguntar que tipo de infração à disciplina podia cometer um prisioneiro confinado sozinho entre quatro paredes, sem contato possível com qualquer um de seus semelhantes. Solicitaram, então, autorização para visitar separadamente todos os detentos e entrevistá-los longe da presença de qualquer empregado da prisão, esperando por esse meio obter deles a revelação de suas secretas impressões e penetrar no fundo de sua alma. Autorização concedida, Alexis de Tocqueville encarregou-se desse delicado trabalho sem qualquer ajuda de seu companheiro, que pensou como ele que tais confidências que se fazem a uma única pessoa não se fazem a duas. Ele consagrou quinze dias a essa minuciosa investigação, que, de início, começou só por um sentimento de dever e, em seguida, continuou com um interesse extremo, ora impressionado com os efeitos singulares do isolamento sobre a alma humana, ora emocionado com as misérias morais cujo mistério desnudava-se sob seus olhos, amiúde arrebatado pelo interesse dessas entrevistas solitárias para além das horas fixadas pela disciplina da prisão, e pelos próprios pobres prisioneiros, engenhosos em prolongar o evento, tão raro para eles, de uma conversação com um homem, e que não suspeitavam com que homem conversavam. Alexis de Tocqueville havia anotado sucessivamente e em seguida redigido cada uma dessas entrevistas. No entanto, pouco tempo depois de ter deixado a Filadélfia, busca um dia essas anotações para mostrá-las a seu colaborador e não as encontra. Continua a procurá-las, mas em vão. Enfim, após muitos outros esforços igualmente infrutuosos, convence-se de que as perdeu. Então, recorre às suas lembranças, escreve o que sua memória revela-lhe: e tal era a profunda impressão que haviam causado sobre sua alma essas entrevistas da solidão, que em poucas horas ele as reconstruiu no papel, sem nenhuma confusão, e sem omitir uma única. No dia seguinte, já não buscando mais suas anotações, encontrou-as. Pudemos ver, comparando-as com suas recordações, o quanto estas eram exatas, e com que prodigiosa fidelidade sua memória havia tudo reproduzido. Só uns poucos detalhes haviam sido esquecidos, mas em nenhum lugar o pensamento central encontrava-se ausente. São essas notas que, na obra publicada posteriormente sobre o sistema penitenciário, figuram sob o título *Enquête sur le Pénitencier de Philadelphie*. Alexis de Tocqueville não tinha a memória das palavras, nem aquela dos números, mas possuía no mais elevado grau a memória da ideia; esta, uma vez ingressada em seu espírito, jamais saía.

A parte do sistema penitenciário tendo sido feita, Alexis de Tocqueville entregou-se ainda com mais ardor, devemos reconhecê-lo, ao estudo das questões de ordem mais

geral; e, com certeza, os políticos que, na França, tinham-
-no encarregado de um mandato oficial e especial, não
devem ter lamentado que ele houvesse se desviado por
um momento de sua missão para desempenhar uma mais
ampla que ele próprio se dera.

Não se espera aqui o relato dessa viagem, na qual
Alexis de Tocqueville percorreu toda a União americana,
e estudou antes os estados da Nova Inglaterra, dos quais
Boston forma a cabeça, assim como para bem conhecer
um rio começa-se explorando sua nascente. Esse relato
encheria por si só um volume, e ultrapassaria de muito
o âmbito que definimos. Por sinal, o autor não poderia
relatar a viagem de Alexis de Tocqueville sem contar também a sua, pois suas vidas, então, estavam de tal forma
unidas que seria impossível separá-las. Não seria, assim,
arrastado a um recife que ele acima de tudo tentou evitar?
Por mais encantadora que tenha sido para ele essa viagem,
que se liga às primeiras impressões de sua juventude e
dela resume toda a poesia, resolveu dela afastar todas as
lembranças pessoais para concentrar-se exclusivamente
na memória que deve ocupá-lo.

De resto, na viagem de Alexis de Tocqueville, o que
há de mais interessante é menos a viagem em si mesma
do que sua maneira de viajar. Ela era particular. Não poderíamos imaginar a atividade de espírito e de corpo que,
como uma febre ardente, devorava-o sem trégua; tudo lhe
era objeto de observação. Formulava de antemão em sua
cabeça todas as questões a que aspirava resolver, e a cada
uma das quais vinham responder os fatos e as conversações
de cada dia. Nunca uma ideia oferecia-se a seu espírito
sem que a observasse, e isso sem demora, em qualquer
lugar que fosse. Ele havia observado que quase sempre a

primeira impressão produz-se sob uma forma original que não tornamos a encontrá-la se a deixarmos escapar. É curioso reler hoje as pequenas cadernetas que sempre levava consigo, e que recebiam essa primeira impressão. Todas as ideias-mestras do livro *A Democracia na América* estão ali em germe; e várias foram textualmente reproduzidas na obra.

Ao mesmo tempo que Alexis de Tocqueville percorria a América do Norte para estudar suas instituições e penetrar, por assim dizer, a alma de seu povo, havia um inglês, por sinal, o homem mais amável do mundo, que viajava pelo mesmo país sem outro objetivo senão aquele de pesquisar as variedades de caça próprias a esse clima, e em especial as diversas raças de patos selvagens. Na mesma época, também, dois franceses, muito distintos e de sociabilidade extremamente agradável, buscavam ali locais pitorescos para desenhá-los. Não falamos daqueles que por ali passavam sem nada ver e sem nada buscar, nem mesmo patos selvagens. Seguramente, esses diversos modos de viajar são igualmente honestos e legítimos, e, se os lembramos aqui, não é para criticar aqueles que tomam as viagens como um exercício do corpo ou um agradável passatempo, mas apenas para mostrar que Alexis de Tocqueville entendia-as de outra forma. Sem dúvida, entre aquele que extrai de suas viagens um livro, e o que traz dela um álbum, há o viajante intermediário, que, sem ser tão frívolo quanto um deles, é menos sério que o outro. Mas, em geral, não há viajante, mesmo sério, que não busque na viagem a distração e não se permita algum repouso. Alexis de Tocqueville em viagem não descansava.

O repouso era antipático à sua natureza; e, estivesse seu corpo em movimento ou imóvel, sua inteligência trabalhava sempre. Ao mesmo tempo que não omitia nada do que pudesse alterar suas forças e dissipá-las, não se podia obter dele que fizesse algo para repará-las. Nunca lhe ocorreu de tomar um passeio como distração, nem uma conversação como lazer. As conversações eram contínuas entre os dois companheiros de viagem, e, se é verdade, como dizia o bom Ballanche, que só se discute bem quando se está de acordo, eles pensavam de forma tão parecida sobre todas as coisas que suas conversações não eram, sem dúvida, estéreis. Entretanto, inicialmente, elas tomavam um aspecto sério, e uma vez mais não se tratava de repouso. Para Alexis de Tocqueville a conversa mais agradável era aquela que era a mais útil. O dia ruim era o dia perdido ou mal-empregado; a mínima perda de tempo era-lhe importuna. Esse pensamento mantinha-o numa espécie de contínua ansiedade, e levava essa paixão em suas viagens até o ponto de ele nunca chegar num lugar sem previamente assegurar-se do meio de deixá-lo; o que fazia com que um de seus amigos dissesse que ele tornaria a partir sempre antes de ter chegado.

Há países nos quais o viajante mais laborioso encontra, o que quer que faça, e de algum modo malgrado ele, certas ocasiões de lazer e repouso. Basta-lhe, por exemplo, encontrar de vez em quando, alguns desses tolos desocupados, bastante comuns na Europa, que vos procuram só para consumir o tempo do qual não sabem o que fazer, e cuja presença, por mais irritante que seja, repousa forçosamente o espírito. Essa salutar diversão faltava absolutamente a Alexis de Tocqueville, num país onde não há ociosos e onde só encontramos gente sensata. Esse admirável e universal bom-senso dos americanos seduzia-o e cativava-o. Era para ele uma mina de um valor inestimável, e na qual escavava sem descanso; seguia, assim, impetuosamente, sem repouso nem trégua, o pendor de sua paixão.

E quando pensamos no que tinha de delicado e fraco o corpo que portava essa alma ardente e esse espírito inquieto, perguntamo-nos como uma constituição tão frágil podia bastar a semelhante atividade moral. Compreendemo-lo ainda menos quando consideramos que em vez de poupar, por sinal, esse frágil corpo, ele parecia dedicar-se a submetê-lo às mais rudes e, inclusive, às mais perigosas provas.

Assim é que, um dia, a despeito dos obstáculos que deveriam tê-lo detido, ele resolveu enfiar-se no Oeste até encontrar regiões desertas.

No que o concernia, não era apenas essa vaga curiosidade do espírito, esse desejo natural do homem de ir onde ninguém jamais penetrou. Sua resolução procedia de um sentimento mais grave. Convencido de que uma das primeiras condições da prosperidade da América é a imensidão de seus espaços ainda desocupados, queria fazer ali ao menos um reconhecimento, penetrar na floresta até o limite da civilização, e com os últimos pioneiros, ver os primeiros índios selvagens.

Toda viagem é fácil quando seguimos as vias traçadas; fora dessas vias, ela nunca deixa de apresentar dificuldades. Sem dúvida, para um homem jovem e robusto como era seu companheiro de viagem, semelhante empresa não oferecia nada de perigoso; ela era um perigo para uma saúde tão frágil quanto a dela. Seria impossível realizar essa expedição sem longuíssimos percursos feitos de um só fôlego, quase sempre a cavalo; era necessário passar dias inteiros sem repouso, noites insones, talvez sem abrigo; fim das refeições fixas, fim das hospedarias, fim das estradas. Estas eram, sem dúvida, boas razões para não empreender semelhante excursão; e não há um único desses argumentos que não lhe fosse apresentado nos termos mais imperativos. Mas a luta era impossível contra a corrente de sua paixão. Não se poderia imaginar a que ponto, quando ele desejava uma coisa, era engenhoso para provar aos outros e demonstrar a si mesmo que a própria razão lha ordenava. A ideia de um perigo nunca o detinha. Quantas vezes demonstrou esse desprezo pelo perigo, não apenas na viagem à América, mas ainda em suas outras viagens à Inglaterra, à Irlanda, à Alemanha, e em épocas em que sua saúde ainda enfraquecida teria demandado bem mais cuidados e moderação. De resto, ele teve razão dessa vez: sua excursão ao deserto transcorreu se não sem grandes fadigas, ao menos sem grande estrago à sua saúde; e nunca fez, talvez, alguma viagem que lhe deixasse tão vivas e tão duráveis impressões quanto essa.

Seria um grande erro crer que Alexis de Tocqueville, que vemos em viagens perseguindo sobretudo ideias, permanecesse impassível e frio diante dos grandes espetáculos da natureza. Ninguém, ao contrário, era mais sensível a isso do que ele, e experimentava mais atração. Ao mesmo tempo que todas as faculdades de seu espírito levavam-no à meditação intelectual, um outro pendor de sua alma inclinava-o ao devaneio, e nunca era senão por um esforço de sua vontade sobre si mesmo que ele saía do domínio das impressões para entrar naquele das ideias. Só sua razão o trazia de volta a estas, pois o devaneio do qual tinha o instinto, era para ele repleto de melancolia; e por esse motivo fugia dele. O movimento do espírito era-lhe, então, como um asilo onde ele refugiava-se para escapar das agitações e das tristezas da alma.

Nunca, de resto, em qualquer circunstância de sua vida, Alexis de Tocqueville deixou-se levar mais pela corrente de suas impressões do que pelo encanto irresistível dessas grandes solidões da América, onde tudo se reúne para inebriar os sentidos e adormecer o pensamento. Ele próprio pintou essas impressões numa pequena obra intitulada *Quinze jours au désert* [Quinze dias no deserto]. Esta obra encantadora é inteiramente inédita; e, se ela não foi publicada mais cedo, deve-se a uma circunstância que convém, talvez, revelar aqui.

Enquanto Alexis de Tocqueville entregava-se a um profundo estudo das instituições americanas, seu companheiro de viagem dedicava-se a coletar algumas pinturas de costumes que mais tarde ele enquadrou, bem ou mal, num romance intitulado *Marie*. Ora, nesse quadro estavam naturalmente presentes essas mesmas florestas, essas solidões, esse deserto, percorridos pelos dois amigos; ele havia feito desse quadro o teatro de seu drama; havia transportado para lá suas próprias emoções, e esforçara-se para ligar assim sua ficção a algo real.

Todavia, quando mais tarde Alexis de Tocqueville publicou a segunda parte de sua obra que pinta os efeitos da democracia sobre os costumes, ele teve a ideia de colocar seu relato de *Quinze jours au désert* em forma de apêndice ao final do livro; mas como, antes, segundo seu hábito, ele fazia a leitura dos originais a seu amigo, a quem sempre consultava, este, ao manifestar-lhe sua opinião, teve a imprudência de predizer-lhe um sucesso que ultrapassaria de muito aquele de *Marie*. Nesse momento, Alexis de Tocqueville nada disse, mas sua decisão estava tomada; e nada poderia fazer com que fizesse uma publicação que poderia aparentar uma concorrência à obra e no terreno de seu amigo. Tinha em amizade refinamentos e delicadezas que tornavam necessária uma grande circunspecção.

Há um outro opúsculo de algumas páginas apenas, igualmente inédito, intitulado *Course au lac Oneïda* [Caminhada ao lago Oneida], e também tomado emprestado das recordações dessa excursão. É um fragmento do mesmo gênero e da mesma família. Esses fragmentos, nos quais o homem pinta-se com suas paixões, mostrarão Alexis de Tocqueville ao público sob um outro ponto de vista. Mas só aqueles que o conheceram intimamente, sabem tudo o que havia de sensibilidade e poesia nessa alma terna, unida a uma inteligência tão clara e tão profunda.

Mais tarde, numa outra parte da viagem, que parecia estar isenta de todos os perigos para sua saúde, esta foi posta a bem mais graves provas. O inverno aproximava-se, e antes que tivesse chegado, os dois viajantes haviam decidido rumar para o Sul. Seu plano era alcançar, próximo a Pittsburg, as margens do lago de Ohio; ali embarcar num barco a vapor e descer o Ohio e o Mississipi até Nova Orleans; viagem muito simples e muito fácil em tempo normal, mesmo naquela época em que ainda não existiam as ferrovias. Mas naquele ano, o inverno chegou um mês mais cedo do que o habitual. Naquela região, por sinal, as estações são extremas e sucedem-se sem transição. Alguns dias depois de sua partida de Baltimore, onde o verão ainda durava, eles encontravam nos Alleghanys a neve e as geadas que não os abandonaram mais. Mas aqui, para tornar mais rápido esse relato, que só queremos esboçar, convém, por falta das notas de Alexis de Tocqueville relativas a esse ponto, reproduzir textualmente aquelas de seu companheiro de viagem, tais como as traçava a lápis dia após dia:

1º de dezembro (1831)   *Partida de Wheeling, a dez milhas de Pittsburg, no barco a vapor o***. O Ohio cheio de gelo. Suas margens cobertas de neve. Navegação segundo dizem perigosa à noite, sobretudo numa noite escura. Entretanto, avançamos... por volta de meia-noite, grito de alarme!* All lost! *É a voz do capitão; nós nos chocamos contra um recife (Burlington Bar); nosso barco danificou-se; ele afunda a olhos visto. Impressão solene; duzentos passageiros a bordo e apenas dois botes podendo conter, cada um, dez a doze pessoas. A água sobe, sobe; ela já enche as cabines. Admirável sangue-frio das mulheres americanas; há cinquenta delas a bordo; nenhum grito à vista da morte que se aproxima delas. Tocqueville e eu lançamos um olhar sobre o Ohio que, nesse local, tem mais de uma milha de largura e cuja corrente arrasta enormes blocos de gelo; cerramo-nos as mãos em sinal de adeus... De repente, o barco cessa de afundar; seu casco uniu-se ao próprio recife que o arrebentou; o que o salva é a própria profundidade de seu ferimento e a rapidez com que a água que o invade o faz pousar sobre o rochedo...*

Cessou o perigo... Mas o que acontecerá conosco assim imobilizados no meio do rio como prisioneiros nos navios-prisões?

Um outro barco a vapor, o William Parsons, passa e recebe-nos a bordo... Continuamos nossa rota... Em 2 de dezembro, chegada a Cincinnati, pressa em retomar a viagem; o frio nos assalta... Em 3 de dezembro, partida de Cincinnati... Frio rigoroso. Dia 4, nosso barco para, preso no gelo. Vinte e quatro horas passadas numa pequena calheta onde permanecemos para aguardar o degelo. O degelo não vem. O frio aumenta.

O capitão toma a iniciativa de desembarcar-nos na margem, da qual nos aproximamos quebrando pouco a pouco o gelo, e abrindo, assim, uma passagem ao nosso barco.

Desembarcados em Westport, vilarejo do Kentucky, situado a aproximadamente vinte e cinco milhas de Louisville.

Impossibilidade de encontrar charrete ou cavalos para nos transportar a Louisville; é preciso fazer o trajeto a pé; nossas bagagens foram colocadas numa charrete que escoltamos. Caminhamos o dia todo pelos bosques, em meio pé de neve. A América ainda é só floresta.

7 de dezembro *Chegada, à noite, a Louisville. Lá, mesma dificuldade. O Ohio ali não é mais navegável do que em Westport. O que fazer? Voltar sobre nossos passos? Tornar a passar pelos lugares já vistos? Inadmissível. Mas como continuar? — Meio de salvação: é, segundo nos dizem, alcançar por terra um ponto mais meridional onde a navegação do Mississipi nunca é entravada pelo gelo. Indicam-nos Memphis, pequena cidade do Tennessee, situada à margem esquerda do Mississipi... a quatrocentas milhas aproximadamente (quase cento e cinquenta léguas).*

No dia 9, partida de Louisville na diligência de Nashville, percurso de dois dias e duas noites. Chegando a Nashville, tomamos conhecimento com tristeza de que o Cumberland está congelado (é um afluente do Ohio).

11 de dezembro *Partida de Nashville. À medida que avançamos rumo ao Sul, encontramos um frio mais intenso. Nunca, segundo dizem, haviam visto algo semelhante. É o que dizem sempre àqueles que só vêm uma única vez... Frio de dez graus abaixo de zero. O frio continua a aumen-*

tar. Nossa diligência transforma-se num veículo descoberto. Estradas horríveis. Descidas íngremes. Nada de via bordejada; a estrada nada mais é que uma brecha feita na floresta. O tronco das árvores mal cortadas faz as vezes de marcos que atingimos incessantemente. Apenas dez léguas por dia. — Tendes, não é mesmo, estradas muito ruins na França? — pergunta-me um americano. — Sim, senhor, e vós tendes estradas bem mais belas na América, não é verdade? — Ele não me compreende. Orgulho americano.

Depois de Nashville, nenhuma outra cidade no percurso. Vemos apenas algumas pequenas aldeias esparsas aqui e acolá, até Memphis.

Em 11 de dezembro, uma barra e uma roda, depois um eixo quebrado. Metade do caminho feito a pé. Manifestamos nossa má sorte. — Queixai-vos, então? — dizem-nos; — anteontem, dois viajantes feriram-se na estrada, um quebrou o braço, o outro a perna.

12 de dezembro   *O frio cada vez mais rigoroso; atravessamos em balsa o Tennessee, que carrega grandes blocos de gelo. Tocqueville congelado; experimenta um frêmito geral. Perdeu o apetite; sua cabeça congestionada; impossível ir mais longe, é preciso parar... Onde? Como? Nenhum albergue na estrada. Angústia extrema. A diligência continua... Eis enfim uma casa: Sandy Bridge (nome do local). Log House![7] Não importa, deixam-nos ali...*

13 de dezembro   *Que dia! Que noite! A cama em que Tocqueville deita-se encontra-se num quarto cujas paredes compõem-se de pedaços de carvalho não aplainados, postos uns sobre os outros. Congela. Acendo um fogo monstro;*

---

[7] Casa de madeira típica da região escandinava, importada para a América do Norte no século XVIII. [N. do E.]

a chama crepita na lareira, excitada pelo vento que nos chega de todos os lados. A lua envia-nos sua claridade pelos interstícios das peças de madeira. Tocqueville só se aquece sufocando-se sob seu lençol e sob um monte de cobertores com os quais sobrecarrego-o. Nenhuma ajuda a obter de nossos hospedeiros. Profundeza de nossos isolamentos e de nosso abandono. O que fazer? O que acontecerá se o mal agravar-se? Qual é esse mal? Onde encontrar um médico? O mais próximo encontra-se a trinta milhas; mais de dois dias necessários para ir buscá-lo e retornar; em meu retorno, o que eu encontraria?

Sr. e sra. Harris (é o sobrenome de nossos hospedeiros), pequenos proprietários do Tennessee; eles têm escravos; em sua condição de proprietários de escravos, nada fazem. O marido caça, passeia, cavalga; uma certa aparência de gentleman; pequenos aristocratas de modos feudais, concedendo hospitalidade aos viajantes por meio do pagamento de cem soldos por dia.

14 de dezembro Tocqueville sente-se melhor. Não deve ser uma doença; demasiado fraco, contudo, para seguir viagem. Dificuldade de encontrar víveres que lhe convenham. Prodígio de diplomacia para obter da sra. Harris um coelho que o sr. Harris matou, e que sirvo a meu enfermo, no lugar do eterno bacon (carne de porco).

15 de dezembro Grande progresso.

16 de dezembro Tocqueville completamente recuperado: retorno do apetite. Grande interesse de fugir o mais rápido possível desse lugar inospitaleiro. A diligência de Nashville em Memphis passa. Que diligência! Tocqueville sobe nela, não sem dificuldade. O frio continua intenso. Percurso de *dois dias e duas noites. Novos acidentes sem gravidade, mas não sem sofrimentos.*

Em 17 de dezembro, chegada a Memphis. Infelizmente, o Mississipi também está coberto de gelo e sua navegação suspensa.

Memphis!!! Grande como Beaumont-la-Chartre; que desgraça! Nada para ver, nem homens nem coisas. Nossos passeios nas florestas do Tennessee. Alegria de Tocqueville que mata dois papagaios da mais encantadora plumagem. Encontramos Shakespeare e Milton numa log house.

24 de dezembro *O frio cede de repente. À noite, surge um barco a vapor (Louisville); ele desce o rio. Em alguns dias, leva-nos à Nova Orleans; eis-nos aqui: 1º de janeiro de 1832.*

A lembrança de Sandy Bridge e de alguns dias ruins nada seria hoje e não deixaria, inclusive, de provocar alguma satisfação se já não tivéssemos percebido ali, se não a crise do mal do qual Alexis de Tocqueville sucumbiu e do qual nada indica que ele já portava naquele momento o menor germe, ao menos os sintomas dessa constituição delicada que sempre foi tão frágil e tão amiúde foi-lhe um obstáculo em sua vida.

VIAGEM AOS ESTADOS UNIDOS
1831–1832

Nova York, 29 de maio de 1831. Até agora, tudo o que vejo não me entusiasma em absoluto, porque estou mais agradecido à natureza das coisas do que à vontade do homem. O espetáculo que tenho diante dos olhos não é menos um imenso espetáculo. Jamais um povo reuniu condições de existência tão felizes e tão poderosas. Aqui a liberdade humana age em toda a plenitude de seu poder; sua energia encontra um alimento no que é útil a cada um sem prejudicar ninguém. Há, não se pode negar, algo de febril no movimento imprimido aqui à indústria e ao espírito do homem; mas até o presente momento, esta febre parece só aumentar as forças sem alterar a razão. A natureza física, o que quer que se faça, é sempre maior do que os esforços tentados para tirar partido dos recursos que ela apresenta. O que resta a fazer parece estender-se em proporção do que já se fez. Nova York, que tinha 20 mil almas no momento da guerra da América, conta atualmente 200 mil; e cada ano acrescenta desenvolvimentos imensos à sua grandeza. Asseguram-nos que o vazio do Mississipi povoa-se ainda mais rápido. Todos nos dizem que ali se encontra o solo mais fértil da América; e esse vazio estende-se quase indefinidamente. No meio desse incrível movimento material, a agitação política parece-me muito acessória. Ela está na superfície, e não agita profundamente as massas. Asseguram-nos que se tem dificuldade em fazer aceitar funções públicas, que desviariam dos assuntos privados. O fato é que essa sociedade caminha sozinha; e tem boa chance de não encontrar qualquer obstáculo: o governo parece-me aqui na infância da arte.

Singsing, 20 de maio de 1831.[1]   O princípio das repúblicas antigas era o sacrifício do interesse particular ao bem geral. Nesse sentido, pode-se dizer que elas eram *virtuosas*. O princípio da república americana parece-me ser o de fazer entrar o interesse particular no interesse geral: uma espécie de egoísmo refinado e inteligente parece ser o pivô sobre o qual se move toda a máquina. Aqui não se preocupam em investigar se a virtude pública é boa; mas tencionam provar que ela é útil. Se este último ponto é verdadeiro, como penso, em parte, essa sociedade seria mais esclarecida do que virtuosa. Entretanto, até que ponto o bem individual e o bem geral podem unir-se e confundir-se? Até que ponto uma consciência que se poderia chamar de *reflexão e cálculo* poderá controlar as paixões políticas, que ainda não nasceram, mas que não deixarão de nascer? É o que só o futuro nos mostrará.

Singsing, 31 de maio de 1831.   Há em Singsing um velho que se lembra de ter visto os índios estabelecidos nesse lugar. O próprio nome de Singsing foi extraído do nome de um chefe índio.

(Idem.)   Mostram-nos uma casa onde mora um descendente de Oliver Cromwell.

M.S.***, advogado obscuro de Nova York, residindo em Singsing, disse-me:

"Não creio que uma República possa existir sem moral, e não creio que um povo possa ter moral quando não

---

[1] Singsing, vilarejo situado à margem do Hudson, entre Nova York e Albany; conhecido pelo estabelecimento penitenciário ao qual deu seu nome. (Nota do Editor francês. Daqui em diante N. do E.F.)

tem religião. Julgo, portanto, a manutenção do espírito religioso um de nossos maiores interesses políticos."

Nova York, 7 de junho de 1831. *Conversação com o sr. Gallatin, ex-ministro dos Estados Unidos na França e na Inglaterra.*

"Não temos absolutamente", disse-me ele, "vila na América, isto é, lugar povoado por pessoas cultivando a terra. O proprietário vive em sua propriedade, e as casas são todas dispersas no campo. O que vós tomais por vilas merece mais o nome de cidades, porquanto sua população é composta por comerciantes, artesãos e *advogados*."

PERGUNTA — Interrompo-vos nesta última palavra, *advogados*. Os advogados são muito numerosos entre vós?

RESPOSTA — Muito mais, creio, do que o são em qualquer parte da Europa.

P — Qual é sua posição social e sua característica?

R — Uma explica-se pela outra: os advogados ocupam as primeiras posições na sociedade; eles exercem uma grande influência. Disso resulta que sua característica, em vez de ser inquieta e dinâmica como na Europa, é estacionária. Sem os advogados já teríamos revisado nossas leis civis; mas eles são os defensores naturais dos abusos e das obscuridades dos quais se aproveitam.

P — Eles desempenham importante papel nas assembleias públicas?

R — Eles compõem a maior parte dos membros dessas assembleias. Mas se observou que os oradores mais distintos e sobretudo os maiores homens de Estado não eram de modo algum advogados.

P – Qual é a posição, a condição e a característica de vossa magistratura?

R – Os magistrados são todos egressos do corpo de advogados e, exceto pela disciplina da audiência, permanecem em pé de igualdade com estes últimos. Nossa magistratura é extremamente respeitada: apoiada apenas pela opinião pública, ela necessita fazer contínuos esforços para conservar seu favor. Sua integridade é fora de questão. Vejo a magistratura, apoiada em toda ocasião como o é pelo corpo de advogados, como o regulador dos movimentos irregulares de nossa democracia, e o que mantém o equilíbrio na máquina. Observai que, podendo recusar-se a aplicar uma lei inconstitucional, ela é, de certo modo, um poder político...

P – É verdade, como me asseguram, que neste país a moral é pura?

R – A fidelidade conjugal é admiravelmente respeitada. Nem sempre é assim no que concerne à virtude antes do casamento. Acontece com muita frequência em nossos campos (não nas cidades) que a extrema liberdade da qual gozam os jovens de ambos os sexos tenha inconvenientes. As nações selvagens que nos cercam levam ainda mais longe o esquecimento da castidade antes do casamento. Eles não a veem como uma obrigação moral...

Nova York, 7 de junho de 1831. *Caráter nacional dos americanos (primeira abordagem).*

A inquietude do caráter parece-me ser um dos traços distintivos deste povo. O americano é devorado pelo desejo de fazer fortuna: é a única paixão de sua vida; ele não tem lembranças que o liguem a um lugar ao invés de um outro; nada de costumes inveterados; nenhum espírito de rotina; é testemunha cotidiana das mudanças mais bruscas da fortuna, e teme menos do que qualquer habitante do mundo expor o adquirido na esperança de um futuro melhor, porque sabe que se pode sem dificuldade recriar novos recursos. Entra, pois, na grande loteria das coisas humanas com a segurança de um jogador que só arrisca seu ganho. O mesmo homem, disseram-nos amiúde, tentou algumas vezes dez estados. Viram-no sucessivamente comerciante, homem da lei, médico, ministro evangélico; habitou vinte lugares diferentes e em nenhum lugar encontrou laços que o retivessem. Em resumo, o homem aqui não tem hábitos, e o espetáculo que ele tem sob os olhos impede-o de adquiri-los: 1º muitos vieram da Europa e aqui deixaram seus costumes; 2º mesmo aqueles que se estabeleceram há mais tempo no país conservaram essa diferença de hábitos. Ainda não existe moral americana. Cada um toma da associação o que lhe convém, e permanece em sua originalidade... e como não seria assim? Aqui as leis variam incessantemente; os magistrados sucedem-se; os sistemas de administração variam; a própria natureza muda mais rapidamente que o homem. Por uma interversão singular da ordem comum das coisas, é ela que parece móvel, e o homem imutável...

O mesmo homem pôde dar seu nome a um deserto que ninguém havia atravessado antes dele; ele pôde ver tombar a primeira árvore da floresta, construir no meio da solidão a casa do agricultor, em torno da qual se formou de início um povoado, e hoje transformado em vasta cidade. No curto intervalo que separa a morte do nascimento, assistiu a todas essas mudanças. Em sua juventude, habitou entre nações que já não existem; em sua vida, rios mudaram ou diminuíram seu curso; o próprio clima é outro em relação ao que viu outrora, e tudo isso não é em seu pensamento senão um primeiro passo numa carreira sem limites. Por mais poderoso e impetuoso que seja aqui o curso do tempo, a imaginação precede-o: o quadro não é assaz grande para ela; ela já se apodera de um novo universo. É um movimento intelectual que não pode se comparar àquele que fez nascer a descoberta do Novo Mundo há três séculos; e, com efeito, pode-se dizer que a América é descoberta uma segunda vez. E que não se creia que tais pensamentos só germinam na cabeça do filósofo; eles estão tão presentes no artesão quanto no especulador, no camponês bem como habitante das cidades. Incorporam-se em todos os objetos; fazem parte de todas as sensações; são palpáveis, visíveis, sentidos de certa forma. Nascido sob um outro céu, introduzido no meio de um quadro sempre movente, ele próprio movido pela torrente irresistível que arrasta tudo o que o avizinha, o americano não tem tempo para apegar-se a nada; ele só se acostuma à mudança, e acaba por vê-la como o estado natural do homem; sente a necessidade dela; bem mais, ama-a: pois a instabilidade, em vez de produzir-se para ele por desastres, parece engendrar em torno dele só prodígios...

A ideia de um progresso possível, de uma melhora sucessiva e sem termo da condição social, essa ideia apresenta-se a ele incessantemente e sob todas as suas facetas.

Nova York, 10 de junho de 1831. Hoje, num clube onde eu me encontrava, sustentou-se que os americanos, estendendo-se no interior das terras, veria diminuir sua marinha. O sr. Galatin avaliou em sessenta mil (aproximadamente) o número de marujos que navegam atualmente sob bandeira americana. Acrescentou: "Como não temos nem o *alistamento forçado* dos ingleses nem o registro marítimo[2] dos franceses, predigo que na primeira guerra ser-nos-á impossível encontrar marujos em número suficiente para conduzir doze de nossos navios."

Albany, 4 de julho de 1831. Grande festa do aniversário da declaração de independência...

Partida de Albany, 4 de julho, à noite. Vale do Mohawk. Nem sinal dos índios. Os mohawks, a mais antiga e a mais brava das tribos confederadas dos iroqueses!

Chegada em Utica. Encantadora cidade de 10 mil habitantes, fundada logo após a guerra da revolução...

Utica, 6 de julho de 1831. As raças indígenas fundem-se em contato com a civilização da Europa como a neve aos raios do sol.

Os esforços que elas fazem para lutar contra seu destino só fazem acelerar para elas a marcha destrutiva do tempo. De dez em dez anos, aproximadamente, as tribos indígenas que foram empurradas para as vastidões do Oeste, percebem que nada ganharam recuando, e a raça branca avança ainda mais rápido do que elas se retiram. Irritadas pelo próprio sentimento de sua impotência, ou inflamadas por alguma nova injúria, reúnem-se e lançam-se impetuosamente sobre as regiões que outrora habitavam e onde agora erguem-se as habitações dos europeus. Os indígenas percorrem o país, queimam as casas, matam os rebanhos, fazem alguns escalpos. A civilização então

---

[2] *Inscription maritime* – registro dos marinheiros profissionais que devem efetuar seu serviço militar na marinha nacional. [N. do T.]

recua, mas recua como a onda do mar que sobe. Os Estados Unidos assumem a causa do menor de seus colonos, e declaram que essas miseráveis tribos violaram a lei das nações. Um exército regular marcha contra elas. Não só o território americano é reconquistado como também os selvagens são empurrados ante os brancos, seus *wigwams*[3] destruídos, e, os brancos apoderando-se de seus rebanhos, deslocam o limite extremo de suas possessões cem léguas mais distante de onde se encontrava antes. Assim privados de sua nova pátria adotiva pelo que agradou a Europa culta e instruída chamar o direito da guerra, os indígenas reiniciam sua marcha rumo ao Oeste, até que se detenham em alguma nova solidão onde o machado do branco não tardará a fazer-se ouvir novamente.

Na região que eles acabam de pilhar, colocada doravante ao abrigo de sua invasão, já se erguem agradáveis vilarejos que logo formarão populosas cidades. Caminhando à frente da imensa família europeia da qual forma a vanguarda, o pioneiro apodera-se das florestas abandonadas pelos selvagens. Ali constrói sua cabana rústica, e espera que a primeira guerra abra-lhe o caminho rumo a novos desertos...

6 de julho, partida de Utica.   Encontramos os primeiros indígenas em Oneida Castle, a 116 quilômetros de Albany. Eles mendigam. Chegada em Siracusa.

Siracusa, 7 de julho de 1831.[4]

---

[3] Tendas dos indígenas da América do Norte. [N. do T.]
[4] É nesse momento que Tocqueville faz no lago Oneida, vizinho a Siracusa, a excursão que ele descreve no fragmento intitulado: "Course au lac Oneïda". (N. do Editor Francês)

12 de julho de 1831, Auburn.[5] Conversação com o sr. Troop, governador do estado de Nova York. Conversação com o sr. Elam Lynds, fundador da penitenciária de Singsing.[6]

Canandagua, 14 de julho de 1831. Conversação com o sr. John Spencer, renomado jurista que foi sucessivamente advogado, *district attorney* (procurador do rei), membro do Congresso, e atualmente membro da legislatura do estado de Nova York. Foi um dos redatores dos *Revised Statutes* deste estado.

P – Os membros que compõem as duas câmaras das diversas legislaturas são eleitos pelos mesmos eleitores e segundo as mesmas condições de elegibilidade?

R – Sim, no estado de Nova York em particular, é absolutamente a mesma espécie de homens que ocupa as duas câmaras.

P – Mas qual é, então, a utilidade de ter duas câmaras?

R – A utilidade é imensa, e tão bem sentida que é doravante um axioma reconhecido por todos na América que um corpo legislativo único é uma instituição detestável. Eis as maiores vantagens de um Corpo legislativo de dois ramos:

A primeira, e mais importante, é submeter uma resolução a dois testes. Transcorre entre as duas discussões um tempo do qual o bom-senso e a moderação beneficiam-se, e acontece incessantemente que o Senado, conquanto composto dos mesmos elementos e movido pelo mesmo

---

[5] Pequena cidade do estado de Nova York, célebre por sua prisão e por seu sistema penitenciário ao qual ela deu seu nome (N. do E.F.)

[6] Essa conversação é descrita textualmente nas notas do *Système pénitentiaire aux États-Unis*.

espírito que a assembleia legislativa, vê a mesma questão sob um ângulo diferente, e corrige o que esta, engajada como é por um primeiro voto, não pode corrigir.

A segunda vantagem que eu vejo na instituição de nosso Senado é que os membros que o compõem, permanecendo em funções mais tempo do que os representantes, e sendo renovados sucessivamente, formam sempre no seio da legislatura uma massa de homens instruídos pelos precedentes, e já tendo feito sua educação política. Eles dão às nossas assembleias legislativas uma habilidade prática e um espírito de continuidade que, sem isso, faltar-lhes-iam com frequência...

P – Qual é a influência da imprensa sobre a opinião pública?

R – Ela tem uma grande influência, mas não ocorre da mesma maneira que na França. Assim, damos pouquíssimo valor às opiniões dos jornalistas. A imprensa só obtém influência pelos fatos que publica e pela repercussão que lhes dá. É assim que, às vezes, ela consegue enganar a opinião pública chamando a atenção para um homem ou para o caráter de uma medida. Em suma, em todos os países e sob todos os governos, a imprensa será sempre um instrumento temível.

P – Quais são os limites que colocais à sua liberdade?

R – Nosso princípio em relação a isso é muito simples. Tudo o que diz respeito à opinião é perfeitamente livre. Poder-se-ia imprimir todos os dias na América que o governo monárquico é o melhor de todos. Mas quando um jornal publica fatos caluniosos, quando supõe gratuitamente intenções condenáveis, então, é processado, e em geral punido com expressiva multa. Não faz muito tempo, tive um exemplo. Durante o processo iniciado em consequência do desaparecimento de Morgan (caso de maçonaria), um jornal publicou que os jurados haviam pronunciado seu veredicto de condenação por espírito de partido. Processei o autor do artigo e fi-lo ser condenado.

P – Qual é, segundo vossa opinião, o meio para diminuir o poder da imprensa periódica?

R – Estou perfeitamente convicto de que o mais eficaz de todos é multiplicar tanto quanto seja possível o número de jornais, e processá-los só em casos extremos. Sua força diminui à medida que eles são mais numerosos. É o que a experiência tornou-nos manifesto. Ouvi dizer que na França só havia dois ou três grandes jornais que inspiram confiança. Concebo, então, que a imprensa torne-se um agente muito perigoso.

P – Tendes homens influentes que escrevem em vossos jornais?

R – Os chefes de partido amiúde o fazem, mas sem assinar...

P – A que atribuís a tolerância religiosa que reina nos Estados Unidos?

R – Principalmente à extrema divisão de seitas. Esta é quase sem limites. Se duas religiões apenas se encontrassem em oposição, nós nos degolaríamos. Mas nenhuma tendo nem mesmo a maioria, todas necessitam de tolerância. De resto, é uma opinião geral entre nós, opinião por mim partilhada, que uma religião qualquer é necessária ao homem em sociedade, e tanto mais quanto mais livre é. Ouvi dizer que na França estava-se bem tentado a abandonar toda religião positiva. Se isso for verdade, não estais prontos, mesmo com vosso espírito de liberdade, a ver consolidar-se entre vós as instituições livres, e não podeis esperar senão na próxima geração.

P — Qual seria, em vossa opinião, o melhor meio de devolver à religião seu império natural?

R — Creio que a religião católica está menos apta que a reformada a conciliar-se com as ideias de liberdade. Entretanto, se o clero estivesse absolutamente separado de toda influência temporal, creio que, com o passar do tempo, ele tornaria a adquirir a influência intelectual e moral que naturalmente lhe pertence. Penso que parecer esquecê-lo sem ser-lhe hostil é o melhor e inclusive o único meio de servi-lo. Assim agindo, vereis pouco a pouco a instrução pública cair em suas mãos; e a juventude adquirirá com o tempo um outro espírito.

P — Entre vós o clero dirige a instrução pública?

R — Absolutamente. Só conheço dois exemplos do contrário no estado de Nova York. Este estado de coisas parece-me conforme à natureza.

Canandagua, 16 de julho de 1831. *Indígenas.*

Entre as tribos indígenas cujos territórios encontram-se hoje encravados nas possessões europeias, encontram-se ainda alguns homens cuja inteligência superior prevê o destino fatal de sua raça, e cuja energia selvagem ainda luta, contudo, contra essa fatalidade. *Red Jacket*, que morreu em 1829, próximo a Buffalo, na aldeia indígena dos sênecas, era um desses homens que podemos chamar de os últimos dos indígenas.

O sr. Spencer contava-me ontem, referindo-se a esse indígena, as seguintes anedotas:

Red Jacket foi em nossa época o maior inimigo que os brancos, e por ódio a eles, o cristianismo, tiveram no Novo Mundo. Ao compreender que passara o tempo de lutar abertamente contra os europeus, servia-se, contudo, de todo o poder moral do qual desfrutava entre seus compatriotas, para impedi-los de fundir-se entre nós. Red Jacket conhecia nossos costumes e entendia o inglês, mas se negava a falá-lo. Sua influência sobre os indígenas era imensa. É difícil ouvir um homem cuja eloquência fosse mais natural e mais arrebatadora, e que soubesse manejar a ironia com mais habilidade. Lembro-me que há dez anos, um indígena das cercanias de Buffalo foi acusado de ter matado um americano. Ele foi preso e levado a um de nossos júris. Eu era naquele momento *district attorney* (funções do ministério público nos Estados Unidos), e tive de denunciá-lo. Red Jacket apresentou-se para defendê-lo e, embora tivesse sido obrigado a servir-se de um intérprete, ganhou sua causa. Depois da audiência, aproximou-se de mim, e disse-me com grande aparência de simplicidade: "Sem dúvida meu *irmão* (falava do acusado) te fez outrora uma grande injúria?" Respondi-lhe que, antes de seu crime, eu não sabia que ele existia. "Compreendo", retrucou Red Jacket, "o branco que mataram era teu irmão, e querias vingá-lo." Busquei ainda esclarecê-lo e a fazer-lhe compreender a natureza de minhas funções. Red Jacket, após ter-me escutado atentamente, perguntou-me se os anciãos de meu povo pagavam-me para fazer o que eu acabara de explicar-lhe. Disse-lhe que sim. Então, simulando sentir a mais viva indignação, exclamou: "O quê? Não só querias matar meu irmão, que nunca te fez mal, como, ainda por cima, havias vendido seu sangue de antemão! — Confesso — acrescentou o sr. Spencer — que permaneci completamente desorientado pela apóstrofe.

***

Há vários anos — prosseguiu — os presbiterianos de Boston enviaram um missionário aos índios mohawks, estabelecidos, então, no vale que ainda traz seu nome. Red Jacket encontrava-

-se entre eles. A tribo reuniu-se para ouvir o missionário, e, em seguida, segundo o costume, fizeram uma deliberação geral; e Red Jacket, tendo provocado a decisão de mandar de volta o ministro presbiteriano, foi encarregado de comunicar-lhe essa resolução. "Meu pai falou muito bem", disse Red Jacket, "mas meus irmãos têm uma dúvida que gostariam de esclarecer. Nossos antepassados contaram aos nossos pais que eles haviam visto o Grande Espírito, e cremos em nossos pais. Os homens brancos dizem-nos que creem num livro que o Grande Espírito deu-lhes. Entretanto, sustentam que cada uma das inumeráveis tribos dos homens brancos dá um sentido diferente a esse livro. Fizeram um falso testemunho aos nossos irmãos?" — O missionário foi obrigado a confessar que havia algo de verdadeiro no que dizia o indígena, e este prosseguiu com uma aparência de humildade: "Se os homens brancos, dos quais o Grande Espírito zelou para abrir a inteligência sobre todas as coisas e aos quais ele deu o livro, não estão seguros de compreendê-lo, como meu irmão quer que pobres selvagens possam lograr êxito nisso?" — O missionário esforçou-se para explicar-lhe que os cristãos só divergiam em alguns pontos, e concordavam com todo o resto. Red Jacket, depois de ter-lhe deixado falar tanto quanto quis, concluiu a conversa dizendo: "Essas coisas são de difícil compreensão para os homens vermelhos. Mas que meu pai vá repeti-las aos nossos vizinhos mais próximos, os homens brancos; e se o resultado de seus discursos impedir os homens brancos de roubarem nossas terras e nossos rebanhos, como o fazem todos os dias, meu pai poderá retornar aos homens vermelhos, e ele encontrará seus ouvidos mais bem abertos."

18 de julho, chegada em Buffalo.
19 de julho, partida de Buffalo no barco a vapor *Ohio*, para Detroit (Michigan).[7]

---

[7] Aqui começa a excursão de Tocqueville aos grandes lagos e à floresta virgem, da qual fez o relato sob o título de *Quinze jours au désert*. (N. do E.F.).

***

De 31 de julho a 20 de agosto de 1831. Viagem aos grandes lagos. O lago Erie. O lago Huron. O lago Michigan. Sault Sainte Marie. O lago superior. Michillimachinac. Green Bay (a Baía Verde).

31 de julho de 1831. Retorno a Detroit. Encontro com um de nossos passageiros do *Ohio* que nos informa que um grande barco a vapor, o *Steamboat Superior*, vindo de Buffalo, vai percorrer os grandes lagos, o lago Erie, o lago Huron e o lago Michigan, pela primeira vez até a Green Bay. Mudamos imediatamente todos os nossos projetos e decidimos ir a Green Bay.

1º de agosto de 1831. Embarcamos no *Superior*. Subimos o rio Detroit.

Lago Saint Clair. À noite dançam no convés. Alegria americana.

2 de agosto de 1831. Vista do lago Huron. Entramos nesse imenso lago.

Visita ao Forte Gratiot, onde nossa embarcação vem buscar madeira. Black River. Caça no pântano, na outra margem do rio Saint Clair. Encontro com oito indígenas selvagens, completamente nus, pintados da cabeça aos pés de diversas cores, cabelos eriçados, empunhando uma maça de madeira, saltando como diabos; belos homens; eles dançam diante de nós a *war dance* (dança de guerra), para ganhar um pouco de dinheiro; espetáculo horrível! Nós lhes damos um shilling...

5 de agosto. Chegada à noite na extremidade do lago Huron. Percebemos ao longe algumas montanhas. O fundo do lago é semeado de uma quantidade inumerável de ilhotas que sobressaem como bosquetes sobre a superfície da água. Perfeita solidão. Florestas por todos os lados. Nem o mínimo vestígio do homem. Nenhuma embarcação à vista. Bordejando a ilha Saint Joseph, ruínas do forte desse nome. Entramos no rio St. Marys, ora largo como um lago, ora estreito entre as ilhas e as pontas de terras cobertas de bosquetes.

De tempos em tempos uma família de indígenas na margem, sentados imóveis junto à fogueira. Seu caiaque pousado na areia. Um grande caiaque com oito homens a bordo vem ao nosso encontro. Os indígenas disparam tiros de fuzil, lançam gritos de alegria. Dão-nos pombos selvagens; damos-lhes aguardente. Ao pôr do sol, entramos num canal muito estreito. Vista admirável; instante delicioso. As águas do rio imóveis e transparentes; uma floresta extraordinária que se reflete nas águas. Ao longe, montanhas azuis e iluminadas pelos últimos raios do sol. Fogo dos indígenas que brilha por entre as árvores. Nosso barco avança majestosamente em meio a essa solidão, ao rumor dos cantos guerreiros que o eco dos bosques propaga de todos os lados. À noite, lança-se a âncora. Dança no convés. Surpresa e admiração dos indígenas à vista do primeiro barco a vapor *Working in the Water*.

6 de agosto de 1831. Neblina espessa que nos impede de partir. Ela dissipa-se, e descortina aos nossos olhos colinas sem fim e eternas florestas. Às nove horas da manhã, chegada em Sault Ste. Marie. Lugar delicioso. Tempo admirável. Sainte Marie: um quadrilátero paliçádico, com uma imensa bandeira americana num mastro posicionado no centro; mais longe, duas pontas de terra cobertas de belas árvores que estreitam o rio; sob as árvores, *wigwams*.

Entre as pontas, as *corredeiras*. Mais distante, montanhas e intermináveis florestas. Ao chegarmos, toda a população na margem e sobre os tetos das casas. Só se vê uma vez por ano uma embarcação como a nossa. Caráter singular dessa população. Miscigenação de todos os sangues. Os mais numerosos, os canadenses. *Bois-brulés*[8] ou mestiços; nuances desde o europeu até o selvagem. Pegamos um caiaque indígena para ir ao lago Superior.

Caiaque de casca de árvore pintada. Sentados no fundo (oito conosco), sérios e imóveis. Nas duas extremidades um canadense semi-selvagem, mas que conservou toda a alegria de seus pais e faz voar o caiaque cantando e pronunciando palavras espirituosas. Singular efeito que produz em nós essa língua francesa ouvida lá no fim do mundo com seu velho idioma e seu sotaque provincial: *la faridondaine, la faridondon! Ohé! Jou! Ohé! Jou!*[9]... Chegamos à *ponta dos carvalhos*. Pequena aldeia indígena. Vestimenta do chefe: calças vermelhas, um cobertor; cabelos enrolados para cima da cabeça com duas penas enfiadas. Pergunto o que são essas penas: responde-me com um sorriso de orgulho que matou dois sioux (ele é um *sauteur*[10] de nação, sempre em guerra com o outro). Peço-lhe uma dessas penas dizendo-lhe que eu a levarei ao país dos grandes guerreiros, e que ela será admirada. Ele a retira de seus cabelos e entrega-me, em seguida, estende sua mão e cerra a minha.

[8] Termo francês significando "madeira queimada", e cunhado no século XIX para designar o mestiço indígena, especialmente o descendente de uma união de indígena com canadense de origem francesa. [N. do T.]

[9] Onomatopeia utilizada nos refrões de canções populares. [N. do T.]

[10] Em itálico no original. Termo também utilizado no século XIX com a acepção de "ladrão". [N. do T.]

Visita ao acampamento dos *Indian Traders*. Um inglês, frio traficante, no meio de uma multidão de canadenses e selvagens que ele conduz a comerciar com os indígenas do lago Superior. Os canadenses cercam-nos com a franqueza e a bonomia dos franceses. Parecem encantados por ver franceses. Pedimos-lhes informações sobre os indígenas. Os indígenas vão todos os anos até a extremidade do lago, vestem as mesmas roupas que nós vimos. Bons e hospitaleiros em paz. Animais ferozes em guerra; queimam seus prisioneiros. Antipatia dos indígenas pela língua inglesa. Seu gosto pelo francês. Nas regiões desertas mais distantes, os indígenas saúdam os europeus dizendo: *Bon jour*.

Retornamos. Descida nas corredeiras. Habilidade incrível dos canadenses. Passagem por entre os rochedos como uma flecha. Amabilidade dos indígenas para com o sr. Mullon, padre católico. Batismos em aposento do navio.

Mesmo dia, 7 de agosto, a bordo do *Superior*. Conversação com o reverendo sr. Mullon, padre católico, que vem de Detroit e desloca-se a Michillimachinac para levar instrução religiosa a uma colônia de indígenas católicos recém-estabelecida em Arbre Crochu.

P — Vós pensais que o apoio do poder civil seja útil à religião?

R — Estou profundamente convicto de que ele lhe é nocivo. Sei que a maioria dos padres católicos na Europa tem uma crença contrária: conheço sua maneira de ver. Desconfiam do espírito de liberdade, cujo primeiro esforço foi dirigido contra eles; tendo, por sinal, sempre vivido sob o império das instituições monarquistas que os protegiam, são naturalmente levados a lamentar a ausência dessa proteção. Eles são, portanto, vítimas de um erro inevitável.

Se pudessem habitar este país, não tardariam a mudar de opinião. Todas as crenças religiosas encontram-se aqui sob o mesmo pé de igualdade. O governo não apoia nem persegue nenhuma delas. E, sem dúvida, não há país no mundo onde a religião católica conte adeptos mais fervorosos e prosélitos mais numerosos. Repito-o, quanto menos a religião e seus ministros estiverem envolvidos com o governo civil, quanto menos tomarem parte nas discussões políticas, mais as ideias religiosas ganharão poder.

P – Quais são nos Estados Unidos os sectários mais inimigos do catolicismo?

R – Todas as seitas reúnem-se no ódio pelo catolicismo; mas só os presbiterianos são violentos. São também aqueles que têm mais zelo.

P – Encontrais, às vezes, algum vestígio dos trabalhos dos jesuítas entre os indígenas?

R – Sim; em Arbre Crochu há famílias que receberam, há 150 anos, os primeiros princípios do cristianismo, e onde ainda encontro vestígios. As tribos que receberam dos jesuítas algumas noções do cristianismo, e entre as quais essas noções não foram completamente apagadas, essas noções retornam rapidamente, quando se pode chegar até elas. Em geral, os indígenas conservam com veneração a lembrança dos *robes noires*[11]. De tempos em tempos, ainda encontramos nas regiões desertas cruzes outrora erguidas pelos jesuítas.

P – É verdade que os indígenas têm uma eloquência natural?

R – Nada é mais verdadeiro. Frequentemente admirei o

---

[11] Batinas negras. [N. do T.]

sentido profundo e a concisão de seus discursos. Seu estilo tem algo de lacedemônio.[12]

P — Eles ainda fazem guerra com a mesma ferocidade?

R — A mesma. Queimam e atormentam de mil maneiras seus prisioneiros. Escalpelam os mortos e os feridos. Eles são, contudo, homens gentis e honestos, quando suas paixões não são irritadas pela guerra. Vi suas danças de guerra. Nunca assisti a um espetáculo mais pavoroso. Os guerreiros que devem dançar têm o cuidado de tornar-se tão horríveis quanto seja possível lambuzando-se de tintas. Dançando, imitam todas as cenas bárbaras produzidas numa guerra entre indígenas. Em suas pantomimas, ora simulam quebrar a cabeça de seu inimigo, ora representam atormentá-lo, ora simulam escalpelá-lo. Há alguns anos, o bispo de Cincinnati propôs a uma tribo indígena (esqueci o nome que me foi dito pelo sr. Mullon) que se lhe fosse enviado um certo número de crianças para que fossem educadas. Assisti à deliberação gerada por essa oferta. Asseguro-vos que, embora a assembleia fosse composta de selvagens, não foi por isso menos imponente. Sentaram-se formando um círculo. Todos falavam, um de cada vez, com grande gravidade e uma eloquência naturais. Nunca acontece de um indígena interromper o orador.

P — Que poder público existe entre os selvagens?

R — Eles têm chefes. Vários são hereditários, e sua família não perde seus direitos senão em consequência de algum crime hediondo. Há, do lado do rio Saint Joseph (Michigan), um chefe indígena cuja ascendência direta remonta

---

[12] Relativo a Lacedemônia. Conciso e austero. [N. do T.]

àquele de seus ancestrais que recebeu o primeiro francês na região.

P – Os indígenas de Arbre Crochu são fervorosos?

(Aqui a expressão do sr. Mullon animou-se de uma maneira extraordinária.)

R – Não conheço melhores cristãos. Sua fé é absoluta; sua obediência às leis da religião é completa. Seria mais fácil um indígena convertido fazer-se matar do que faltar às regras de seu culto. Sua vida torna-se muito moral. Vós pudestes ver com que zelo a população indígena de Sault Sainte Marie (na entrada do lago Superior) veio ao meu encontro tão logo soube que havia um padre a bordo. Batizei muitas crianças.

P – Como o clero americano é recrutado?

R – Até o presente, a maioria dos padres veio da Europa. Apenas começamos a ter sacerdotes originários da América, o que é bem melhor. Temos agora doze ou treze seminários na União. Há quarenta anos o catolicismo faz incríveis progressos entre nós.

P – Como são pagas as despesas do culto?

R – Por meio de doações voluntárias. Os bancos que cada família tem na igreja (*pews*) formam a principal renda.

P – Como são nomeados os bispos?

R – O papa nomeia-os diretamente; mas, por costume, ele consulta o episcopado em função. Algumas vezes ocorreu de não ser assim, e então as escolhas raramente foram felizes.

7 de agosto de 1831. Partimos uma hora da manhã. Atravessamos a ponta sudoeste do lago Huron. Flotilha de vinte e dois caiaques indígenas que cruzam conosco e retornam depois de terem recebido os presentes dos ingleses.

Às três horas, bordejamos Bois Blanc e a ilha redonda, e chegamos a Michillimachinac, ilha de três léguas de contorno; solo bastante elevado. No cimo, as construções brancas de um forte americano.

7 de agosto de 1831. Michillimachinac. À noite, passeando à beira do lago, cheguei a um acampamento de canadenses. Eram, conforme logo reconheci, desses canadenses que comerciam com os indígenas. Sentei-me em torno de sua fogueira e tive com o principal deles a seguinte conversa:

P – O que aconteceu com os hurons e os iroqueses que desempenharam um papel tão importante na história das colônias?

R – Os hurons quase desapareceram. A metade dos iroqueses também foi destruída; quase todos fundiram-se com os chippeways. Muitos estabeleceram-se em Green Bay e nas cercanias. Os iroqueses formavam uma nação astuta, sempre pronta a colocar-se do nosso lado ou do lado dos ingleses, segundo o lado para o qual a fortuna parecia tender.

P – Tendes algo a temer dos indígenas ao negociar com eles?

R – Quase nada. Os indígenas não são ladrões, e, por sinal, nós lhes somos úteis.

P – Pensais que os indígenas sejam melhores ou piores em

função de estarem mais próximos ou mais distantes dos europeus?

R — Penso que eles são muito melhores quando não têm qualquer contato conosco, e decerto mais felizes. Há mais ordem, mais governo entre eles, à medida que avançamos na floresta selvagem.

P — Os indígenas afastados dos quais falais têm chefes?

R — Sim, senhor, eles têm chefes cujo poder é muito respeitado durante a paz. Eles são hereditários, e sua origem perde-se na noite dos tempos. Nomeiam um chefe particular (o mais corajoso) para conduzi-los à guerra. Eles não têm precisamente justiça regular. Entretanto, quando um assassinato é cometido, entregam o assassino à família do morto. Algumas vezes ele consegue reabilitar-se; na maioria das vezes, matam-no e enterram-no com sua vítima.

P — Como vivem esses indígenas afastados dos quais falais?

R — Num bem-estar absolutamente desconhecido próximo aos estabelecimentos europeus. Não cultivam de modo algum a terra. São menos vestidos e só se servem de arcos e flechas. Mas a caça é de uma abundância extrema em suas vastas regiões. Imagino que era assim até o Atlântico antes da chegada dos europeus. Mas a caça foi para o Oeste com rapidez incrível. Ela precede os brancos em mais de cem léguas.

P — Os indígenas não têm a ideia de que cedo ou tarde sua raça será aniquilada pela nossa?

R — Eles têm uma extrema preocupação com o futuro. Aqueles que já estão semidestruídos ou sobre os passos dos quais caminhamos, veem com desespero os europeus avançar rumo ao Oeste; mas já não é possível resistir. Todas as nações distantes do Oeste (ouvi dizer que ainda havia uns três milhões) não parecem suspeitar do perigo que as ameaça.

P – É verdade que os indígenas amam os franceses?

R – Sim, senhor, extremamente. Eles só consentem falar o francês. Nas regiões desertas mais distantes, a condição de francês é, junto a eles, a melhor recomendação. Recordam-se sempre de nossos bons tratamentos quando éramos os senhores do Canadá. Por sinal, muitos de nós são seus aliados e vivem quase como eles.

8 de agosto. Partida de Michillimachinac. Navegação à direita e à esquerda das terras baixas cobertas de florestas.

9 de agosto. Chegada às oito horas da manhã em Green Bay; grande vilarejo no meio de um prado à margem de um rio.

Grande *Settlement*. Vilarejo indígena (iroquês). Vou caçar. Rio atravessado a nado. Ervas no fundo do rio. Perco-me por um momento na floresta. Retorno ao mesmo lugar sem perceber.

Green Bay, 12 de agosto de 1831. Conversação com o major ***. O major ***, homem muito bem educado e muito sensato, esteve durante um ano e meio acantonado em La Prairie du Chien, vasta planície situada próximo do Mississipi. Os europeus têm ali um posto avançado, e esse local é considerado pelos canadenses como um território neutro onde as diferentes nações encontram-se em paz.

P – Vós acreditais que os indígenas dobrem-se de fato à civilização?

R – Tenho minhas dúvidas. Eles detestam o trabalho, e, sobretudo, têm preconceitos que os conservarão sempre na barbárie. Os negros buscam imitar os europeus, e não obtêm êxito nisso. Os indígenas poderiam consegui-lo, mas não querem absolutamente. Eles só estimam a guerra e a caça; veem o trabalho como uma humilhação. Longe de desejar o bem-estar da civilização, eles o desprezam e o desdenham. Vi indígenas, nos dias mais frios do ano, tendo por vestimenta apenas um cobertor. Longe de invejar nossas peliças e nossos casacos, eles os viam com piedade. Não podem conceber por que desejamos algo além de um *wigwam*, quando se pode dormir sob um teto; nem por que cultivamos um campo, quando, com o fuzil, pode-se abater a caça necessária à vida.

13 de agosto. Retorno a Detroit.

De 31 de julho a 20 de agosto de 1831 Lago Ontário. Canadá. Montreal. Quebec.

20 de agosto de 1831. Niágara... Lago Ontário.

Montreal (Canadá), 24 de agosto de 1831. O Canadá é sem comparação a porção da América, até aqui visitada por nós, que tem mais analogia com a Europa, e sobretudo com a França. As margens do rio São Lourenço são perfeitamente cultivadas, cobertas de casas e vilarejos, em todos os pontos semelhantes aos nossos. Todos os vestígios da *wilderness*[13] desapareceram: campos cultivados, cam-

---

[13] Extensas áreas com elevada conservação da vegetação nativa e pouco populosa. [N. do T.]

panários; uma população, tão compacta como a nossa na França, substituiu a floresta selvagem.

As cidades, e em particular Montreal (ainda não vimos Quebéc), têm uma semelhança surpreendente com nossas cidades de província.

A base da população, a imensa maioria, é, em toda parte, francesa. Mas é fácil ver que os franceses são o povo vencido. As classes ricas pertencem em sua maioria à raça inglesa. Conquanto o inglês seja a língua universalmente falada, a maioria dos jornais, os anúncios e até as placas dos comerciantes franceses são em inglês. As empresas comerciais estão quase todas em suas mãos. Temo que seja por muito tempo assim, e, no entanto, é permitido ter dúvidas em relação a esse ponto. O clero e uma parte das classes se não ricas, ao menos instruídas e francesas, começam a sentir vivamente sua posição secundária. Os jornais franceses que li fazem uma constante e animada oposição aos ingleses. Até agora, o povo, tendo poucas necessidades e paixões intelectuais, e levando uma vida material muito tranquila, não entreviu senão muito imperfeitamente sua posição de nação conquistada, e forneceu apenas um fraco ponto de apoio às classes instruídas. Mas desde há alguns anos a Câmara das Comunas[14], quase toda canadense, adotou medidas para disseminar amplamente a instrução. Tudo prenuncia que a nova geração será diferente da geração atual; e se daqui a alguns anos a raça inglesa não aumentar muito pela emigração e não conseguir confinar os franceses no estreito espaço que hoje ocupam, os dois povos encontrar-se-ão em oposição. É

---

[14] Tem por equivalência entre os ingleses a House of Commons (Câmara dos Comuns). [N. do T.]

difícil que eles mesclem-se e que se estabeleça entre eles
uma completa união. Pode-se, pois, esperar que, a despeito
da conquista, os franceses cheguem um dia a formar sozi-
nhos um belo império no Novo Mundo, mais instruídos,
talvez, mais morais e mais felizes do que nossos pais! Mas,
atualmente, essa divisão entre as raças é completamente
favorável à dominação da Inglaterra.

Quebec, 25 de agosto de 1831. Toda a população ope-
rária de Quebec é francesa. Só se ouve o francês nas ruas.

Há dois teatros em Quebec: ambos são ingleses. O interior da cidade é feio, mas não oferece qualquer analogia
com as cidades americanas. Assemelha-se de uma maneira
surpreendente com o interior da maioria de nossas cidades
de província.

Quebec, 26 de agosto de 1831. Fui hoje ao gabinete
de leitura. Quase todos os jornais impressos no Canadá
são ingleses. Eles têm aproximadamente a mesma dimensão daqueles de Londres. Circula em Quebec um jornal
intitulado *La Gazette*, meio inglês, meio francês, e um
jornal absolutamente francês intitulado *Le Canadien*. Esses jornais têm aproximadamente o formato de nossos
jornais franceses. Li cuidadosamente vários de seus números. Fazem violenta oposição ao governo e, inclusive,
a tudo o que é inglês. *Le Canadien* tem por epígrafe:
"Nossa religião, nossa língua, nossas leis." É difícil ser mais
franco. O conteúdo corresponde ao título. Tudo o que
pode inflamar as grandes e as pequenas paixões populares
contra os ingleses é ressaltado com esmero nesse jornal.
Vi um artigo no qual dizia-se que o Canadá nunca seria feliz até que tivesse uma administração canadense de
nascimento, princípio, ideias e, inclusive, prejulgamentos.

Nesse mesmo jornal encontravam-se pequenos poemas franceses bastante bonitos. Prestavam conta nesse jornal das distribuições de prêmios onde os alunos haviam representado *Athalie, Zaïre, La Mort de César*.[15] Em geral, o estilo do jornal é um pouco comum, mesclado de anglicismos e torneios estrangeiros. Assemelha-se muito aos jornais publicados no cantão de Vaud, na Suíça. Ainda não vi no Canadá nenhum homem de talento nem qualquer produção que desse prova disso. Aquele que deve agitar a população francesa e levantá-la contra os ingleses ainda não nasceu.[16]

Quebec, 26 de agosto de 1831. Visita a um dos tribunais de Quebec: sala espaçosa preenchida de arquibancadas nas quais se acomodava uma multidão cuja aparência era francesa... Ao fundo estavam pintadas em grande dimensão as armas britânicas. Abaixo desse quadro presidia a sessão o juiz em beca e cabeção. Diante dele acomodavam-se os advogados.

[15] Provavelmente Tocqueville refere-se às seguintes obras: *Athalie*, tragédia em cinco atos e em verso de Jean Racine; *Zaïre*, tragédia de Voltaire; e *La Mort de César*, que pode ser tanto uma obra de Marie Anne Barbier, dramaturga francesa, quanto aquela de Voltaire. [N. do T.]

[16] As liberdades que a Inglaterra teve o mérito de dar ao Canadá, e cuja a população, francesa de origem, tirou partido para reivindicar seus direitos, provocaram durante vinte anos, entre o governo inglês e os partidos, graves lutas, nas quais se recordam ter visto figurar como chefes do partido canadense os srs. Neilson e Papineau, e forçaram o governo inglês a importantes concessões. Essas concessões esclarecidas, que parecem ter dado às duas raças atualmente uma satisfação, assegurarão no futuro a pacificação e a prosperidade do Canadá? A questão que Tocqueville colocava-se em 1831 talvez ainda não tenha sido resolvida. (N. do E.F.)

No momento em que entramos, advogavam uma causa de difamação. Tratava-se de fazer condenar a uma multa um homem que havia tratado um outro de *pendard*[17] e *crasseux*[18]. O advogado expressava-se em inglês. *Pendard*, dizia o advogado, pronunciando a palavra com um sotaque completamente britânico, significa um homem que foi enforcado. — Não — respondeu gravemente o juiz —, mas que merece sê-lo. — Ao ouvir isso, o advogado do acusado levantou-se com indignação e defendeu sua causa em francês. Seu adversário respondeu-lhe em inglês. Oratórias acaloradas de parte a parte em ambas as línguas sem se compreenderem, sem dúvida, perfeitamente. O inglês esforçava-se de tempos em tempos para exprimir suas ideias em francês para acompanhar mais de perto seu adversário. Do mesmo modo, às vezes, agia o outro. O juiz esforçava-se, ora numa língua, ora na outra, para restabelecer a ordem; e o meirinho gritava pedindo *silence*, dando alternadamente a essa palavra a pronúncia inglesa e francesa.[19] Restabelecida a calma, apresentaram-se as testemunhas. Umas beijaram o Cristo de prata que cobria a bíblia, e juraram em francês dizer a verdade; outras fizeram em inglês o mesmo juramento, e beijaram, na condição de protestantes, o outro lado da bíblia. Em seguida, citaram o costume da Normandia; apoiaram-se em Denizart, nos decretos do Parlamento de Paris e nos estatutos do reinado de Georges I. Depois disso, o juiz pronunciou que, visto que a palavra *crasseux* traz a ideia de um homem sem moralidade, sem conduta e sem honra,

---

[17] *Pendard*: bandido, canalha, patife que mereceria ser enforcado. [N. do T.]
[18] *Crasseux*: sujo, repugnante, desprezível. [N. do T.]
[19] *Silence*, messieurs; *sailence*, gentlemen.

condena o acusado a dez libras esterlinas (ou dez luíses) de multa.

Os advogados que ouvi ali e que, segundo dizem, são os melhores de Quebec, não deram provas de talento nem na fundamentação das ideias nem na maneira de exprimi-las. Eles falam francês com o sotaque normando das classes médias. Seu estilo é vulgar e mesclado de bizarrias e locuções inglesas. Eles dizem que um homem é taxado (*charged*) de dez luíses para dizer que lhe são reclamados dez luíses. — Entrai na *boîte (the box)*, gritam para a testemunha para indicar-lhe o banco no qual deve depor.

....

O conjunto do quadro tem algo de bizarro, incoerente e, inclusive, burlesco. O fundo da impressão que ele fazia surgir era, no entanto, triste. Nunca estive mais convicto, ao sair dali, que a maior e mais irremediável infelicidade para um povo é ser conquistado.

Quebec, 27 de agosto de 1831. Conversação com o sr. Neilson. (Escocês de origem, nascido no Canadá, chefe do Partido Constitucional, oposto ao governo inglês, embora protestante; nomeado, há quinze anos, membro da *Câmara de Assembleia* por toda a população católica do Baixo Canadá: espírito vivo e original.)

P — O que custa o Canadá por ano ao governo inglês?

R — De 200 a 250 mil libras esterlinas (de cinco a seis milhões de francos).

P — Rende-lhe algo em dinheiro?

R — Nada. A receita obtida pela alfândega é empregada na colônia. Nós lutaríamos em vez de entregar aos ingleses um único centavo de nosso dinheiro.

P — Mas que interesse a Inglaterra tem em conservar o Canadá?

R — Antes de tudo, o interesse que têm os grandes senhores em conservar grandes possessões que figuram em seus títulos, mas lhes custam grandes somas e suscitam-lhes maus desenvolvimentos. Em seguida, não se pode negar que a Inglaterra tem um interesse indireto em conservar-nos. Em caso de guerra com os Estados Unidos, o São Lourenço é um canal pelo qual ela faz penetrar suas mercadorias e seus exércitos até o seio da América. Em caso de guerra com os povos do Norte da Europa, o Canadá fornece-lhe toda a madeira de construção da qual ela necessita. Acrescentai que o custo não é tão elevado assim, suponho. A Inglaterra é obrigada a manter o império do mar, não para sua glória, mas para sua existência. As despesas que ela é obrigada a fazer para chegar a essa supremacia tornam a ocupação de suas colônias muito menos dispendiosa para ela do que seria para uma nação que só tivesse por objetivo sua conservação.

P — Pensais que os canadenses libertar-se-ão do jugo da Inglaterra?

R — Não, a menos que a Inglaterra force-nos a isso. Sem isso, é absolutamente contrário ao nosso interesse tornar-nos independentes... A América do Norte pertence doravante por inteiro à raça inglesa. A fortuna decidiu.

P — Qual é a característica do camponês canadense?

R — Na minha opinião é uma raça admirável. O camponês canadense é simples em seus gostos e eminentemente sociável...

A opinião pública tem aqui uma força incrível. Não existe qualquer autoridade pública nos vilarejos. Entretanto, a boa ordem mantém-se neles melhor do que em qualquer outro país do mundo. Um homem comete uma falta, afastam-se dele; ele é obrigado a deixar o vilarejo. Se um roubo é cometido, não se denuncia o culpado, mas ele é desonrado e obrigado a fugir. Os filhos ilegítimos são algo praticamente desconhecido em nossos campos.

O canadense é fortemente apegado ao solo que o viu nascer, a seu campanário, a sua família. Daí a dificuldade de engajá-lo a ir à procura de riqueza alhures. As reuniões entre amigos, o ofício religioso em comum, a assembleia na porta da igreja, eis seus únicos prazeres. O canadense é profundamente religioso. Paga o dízimo sem hesitação.

P – Em quê consiste o dízimo?

R – Em um vinte e seis avos da colheita. Quem quer que se declarasse protestante seria dispensado da obrigação. Mas ainda não houve exemplo de tal fato. O clero não possui propriedades fundiárias; ele não forma aqui senão um corpo compacto com o povo. Partilha suas ideias, participa de seus interesses políticos e luta com ele contra o poder. Emanado dele, só existe para ele. Aqui o governo acusa-o de ser demagogo. O fato é que ele é liberal, esclarecido e, no entanto, profundamente crente. Sua moral é exemplar... Esse espírito de sociabilidade do qual eu vos falava há pouco e que distingue os camponeses canadenses, é, sem dúvida, o que os leva a apoiar-se mutuamente em todas as circunstâncias críticas. Um sinistro atinge um deles e a comuna inteira põe-se habitualmente em movimento para reparar os estragos. Há pouco tempo, o celeiro de *** foi destruído por um raio; cinco dias depois ele havia sido reconstruído pelos vizinhos, sem custo.

P – Existem alguns restos de feudalismo?

R – Sim, mas tão pouco que é quase inexpressivo: 1º o senhor recebe uma renda quase insignificante pelas terras que originariamente concedeu: seis a oito francos, por exemplo, por noventa arpentos; 2º é-se obrigado a moer em seu moinho; mas ele não pode cobrar mais do que um certo preço fixado pela lei, e que está abaixo daquele que se paga nos Estados Unidos com a liberdade da concorrência; 3º há os direitos de *lods et ventes*, isto é, quando o proprietário de uma terra enfeudada vende-a, é obrigado a dar um doze avos do valor ao senhor. Essa obrigação seria bastante pesada se o espírito da população não fosse aquele de permanecer irresistivelmente apegado ao solo. Tais são todos os restos do sistema feudal no Canadá. De resto, o senhor não tem direitos honoríficos, nenhum privilégio de qualquer tipo que seja. Não há absolutamente nobreza, e não pode haver aqui, não mais do que nos Estados Unidos. É preciso trabalhar para viver. Não há arrendante. O senhor é comumente, portanto, ele próprio, um cultivador.

P – Como está a instrução primária?

R – ... A população agarra com incrível ardor a oportunidade de instruir-se. O clero ajuda-nos com todos os seus esforços. Já temos em nossas escolas a metade das crianças, 50 mil aproximadamente. Em dois ou três anos não tenho dúvida de que teremos todas na escola. Espero que, então, a raça canadense comece a deixar as margens do rio e avance para o interior das terras. Até o presente nós ocupamos as duas margens do São Lourenço numa extensão de cento e vinte léguas; mas essa linha tem raramente de um lado e do outro dez léguas de largura. Para além, contudo, encontram-se terras excelentes que são vendidas por quase nada (isso ao pé da letra), e que são muito cultiváveis.

... Fomos ver com o sr. Neilson o vilarejo de Lorette, onde uma parte da população é composta de indígenas, quase todos de sangue mestiço.

O sr. Neilson mostra-nos a antiga igreja fundada pelos jesuítas, cuja memória, segundo suas palavras, é adorada pelos indígenas. As casas dos indígenas são limpas; falam francês e têm uma aparência quase europeia, embora suas vestes sejam diferentes.

Surpreendi-me com o fato de não os ter visto cultivar a terra. "Bah!", exclamou o sr. Neilson, "São *gentlemen* esses hurons; creem desonrar-se lavrando a terra. Isso só convém a franceses ou a ingleses! Ainda vivem da caça e dos pequenos trabalhos feitos por suas mulheres."

P – É verdade que os indígenas têm uma predileção pelos franceses?

R – Sim, isso é incontestável. O francês, que, de todos os povos, talvez seja aquele que conserva mais definitivamente seu vestígio original, é, contudo, aquele que se dobra mais facilmente por certo tempo à moral, às ideias, aos próprios prejulgamentos daqueles entre os quais vive. É tornando-se selvagens que obtivestes dos selvagens uma ligação que ainda dura.

P – O que aconteceu com os hurons que demonstraram uma ligação tão constante com os franceses e desempenharam tão importante papel na história da colônia?

R – Fundiram-se pouco a pouco. Foi, no entanto, a maior

nação indígena deste continente. Ela podia colocar sessenta mil homens em guerra; podeis ver o resto. Pensa-se que quase todos esses selvagens da América do Norte têm a mesma origem. Só os esquimós da baía de Hudson pertencem, evidentemente, a uma outra raça...

Quebec, 28 de agosto de 1831. O sr. Neilson veio hoje nos buscar para nos mostrar a região. A impressão desse passeio foi extremamente favorável à população canadense. Encontramos terras bem cultivadas, casas onde se respira bem-estar. Entramos em várias delas. O salão é guarnecido de camas excelentes; as paredes são pintadas de branco, os móveis limpíssimos. Um pequeno espelho, uma cruz ou algumas gravuras representando temas das Sagradas Escrituras completam o conjunto. O camponês é forte, bem constituído, bem vestido. Sua abordagem é cheia de cordialidade franca que amiúde falta ao americano: é educado sem ser servil e recebe-vos sob o mesmo pé de igualdade, mas com amabilidade. Há em suas formas algo de distinto que nos surpreende de imediato. Esta raça de homens, inferior em luzes aos americanos, parece-nos superior àqueles por sua maneira de sentir. O espírito dos canadenses é pouco culto, mas sua inteligência é simples e reta; fazem menos planos e são menos empreendedores que seus vizinhos, e vivem mais pelo coração.

Quebec, 29 de agosto de 1831. Hoje montamos a cavalo para ir visitar o campo sem guia.

Na comuna de Beaufort, a duas léguas e meia de Quebec, vimos o povo sair da igreja. Sua toalete anuncia uma vida confortável. Aqueles que pertenciam a um lugarejo vizinho retornavam quase todos em charrete. Desgarramo-nos nas estradas e conversamos com todos os habitantes que encontramos, buscando conduzir a conversa para assuntos graves. Eis o que nos pareceu resultar dessas conversações: 1º reina, na atualidade, um grande bem-estar nessa população. A terra nas cercanias de Quebec é vendida extremamente cara, tão cara quanto na França, nos arredores das cidades, e ela rende muito; 2º as ideias dos canadenses são ainda pouco desenvolvidas; no entanto, eles já sentem muito bem que a raça inglesa estende-se à sua volta de uma maneira alarmante; que estão errados em limitar-se numa zona, em vez de estender-se na região ainda livre. Sua inveja é vivamente excitada pela chegada cotidiana dos recém-emigrados da Europa. Sentem que acabarão por ser absorvidos. Vê-se que tudo o que se diz em relação a esse assunto agita suas paixões, mas eles não percebem claramente o remédio, e parecem temer vê-lo. Temem em demasia perder de vista seu campanário. "Tendes razão", dizem-nos. "O que quereis? Nascemos aqui; deveremos morrer aqui."

Semelhante ao francês, o camponês canadense tem o espírito alegre e vivo, e coloca sempre em suas réplicas algo de picante. Quando perguntei a um cultivador por que os canadenses deixam-se aglomerar num pequeno território, quando a vinte léguas dali eles poderiam encontrar terras férteis e incultas, respondeu-me: "Por que preferis vossa mulher, embora aquela do vizinho tenha olhos mais belos?"

Eles também conservaram todos os idiotismos franceses. Um deles me dizia: "Se não recorrermos às palavras, os ingleses não empalidecem!"

Em geral, contudo, sentem sua condição de povo vencido. Contam menos consigo próprios do que com seus representantes na assembleia do Parlamento.

Parecem ter por estes esse apego exaltado que têm em geral os povos oprimidos por seus protetores. No total, essa população pareceu-nos capaz de ser dirigida, mas incapaz de dirigir-se por si mesma.

Chegamos nessa região precisamente no momento da crise. Se os canadenses não saírem de sua apatia, em vinte anos já não será mais possível sair. Há, hoje, indícios do despertar. Entretanto, se no esforço que talvez seja tentado, as classes intermediárias e superiores da nação canadense abandonarem as classes baixas e deixarem-se arrastar pelo movimento inglês, a raça francesa estará para sempre perdida na América, e, a bem da verdade, será lastimável, pois há aqui todos os elementos de um grande povo... Um homem de gênio que compreendesse, sentiria e seria capaz de desenvolver as paixões nacionais do povo, teria aqui um admirável papel a desempenhar. Logo se tornaria o homem mais poderoso da colônia. Mas ainda não o vejo em lugar algum.

O que me parece mais perigoso para o destino futuro da população canadense é uma classe de homens da qual o sr. Neilson é o tipo nas assembleias políticas, e da qual *La Gazette de Quebec* é o estandarte na imprensa. Essa classe forma a transição entre o francês e o inglês. São ingleses aliados a canadenses, ingleses descontentes com a administração, franceses bem situados. Ela não provoca nem o ciúme nem a desconfiança do povo. Parece mais canadense do que inglesa de interesse, porque faz oposição ao governo. No fundo, contudo, ela é inglesa de moral, de ideias, de língua. Se alguma vez assumisse o lugar das altas classes e das classes esclarecidas entre os canadenses, a nacionalidade destes seria perdida sem retorno. Vegetariam como os baixos-bretões na França. Felizmente, a religião põe um obstáculo ao casamento entre as duas raças, e cria no clero uma classe esclarecida que tem interesse em falar francês e nutrir-se de literatura e ideias francesas.

Pudemos perceber em nossas conversações com o povo dessa região um fundo de ódio e inveja contra os senhores. Foi só abraçando vivamente o partido popular que alguns deles conseguiram fazer-se eleger à Câmara das Comunas. Os senhores, contudo, não têm, por assim dizer, nenhum direito. Eles são povo tanto quanto se pode sê-lo, e reduzidos quase todos a cultivar a terra. Mas o espírito de igualdade da democracia está vivo tanto lá quanto nos Estados Unidos; e, o que quer que diga o sr. Neilson, os camponeses recordam-se do estado de sujeição no qual eram mantidos sob o governo francês. Há, sobretudo, uma palavra que permaneceu em sua memória como um espantalho político: é *a talha*. Eles não sabem precisamente qual é o sentido da palavra, mas esta palavra representa sempre para eles algo insuportável. Estou convencido de que eles pegariam em armas se tentassem estabelecer um imposto qualquer ao qual se desse esse nome... Encontrei no âmago do coração dos camponeses as paixões políticas que provocaram nossa revolução e que ainda influem em nossos destinos. Aqui elas são inofensivas ou quase, porque nada lhes resiste. Também observamos que o camponês não via sem dificuldade o direito que o clero tem de cobrar o dízimo, e não considera sem inveja a riqueza que esse imposto põe nas mãos de alguns eclesiásticos. Se a religião algum dia perder sua ascendência no Canadá, é por essa brecha que o inimigo entrará.

Quebec, 2 de setembro de 1831. Hoje me diziam que na Câmara de Assembleia, composta sobretudo por canadenses, as discussões eram vivas, coléricas; que amiúde adotavam resoluções precipitadas das quais se arrependiam quando a luta acabava. Não se pensaria ouvir falar de uma Câmara francesa?

Quebec, 3 de setembro de 1831. Hoje fomos à margem direita do São Lourenço até o vilarejo Saint Thomas, situado a dez léguas de Quebec. É o ponto onde o São Lourenço apresenta uma largura de dez léguas que ele conserva durante o espaço de cinquenta. Todos os campos que percorremos são de uma fertilidade admirável. Juntos com o São Lourenço e as montanhas do Norte, formam o mais completo e o mais magnífico quadro...

Nessa porção do Canadá não se ouve absolutamente o inglês. A população é toda francesa. Entretanto, mesmo lá, quando se encontra um albergue ou um negociante, vê-se uma placa em inglês.

Observações gerais: Sobressai de nossas conversações com vários canadenses que seu ódio dirige-se ainda mais contra o governo do que contra a raça inglesa em geral. Os instintos do povo são contra os ingleses, mas muitos canadenses pertencentes às classes esclarecidas não nos pareceram animados, no grau que supúnhamos, do desejo de conservar intacto o vestígio de sua origem e formar um povo inteiramente à parte. Vários deles não nos pareceram longe de fundir-se com os ingleses se estes quisessem adotar os interesses do país. Deve-se temer que, com o tempo, e sobretudo com a emigração dos irlandeses católicos, a fusão opere-se, e só pode operar-se em detrimento da raça, da língua e dos costumes franceses.

Entretanto, é certo que:

1. O Baixo Canadá (felizmente para a raça francesa) forma um Estado à parte. Ora, no Baixo Canadá, a população francesa está para a população inglesa na proporção de dez para um. Ela é compacta. Tem seu governo, seu próprio parlamento.[20] Ela forma verdadeiramente um corpo de nação distinto. No parlamento, composto por 84 membros, há 64 franceses e vinte ingleses.

2. Os ingleses até agora se mantiveram sempre à parte. Eles apoiam o governo contra a massa do povo. Todos os jornais franceses fazem oposição. Todos os jornais ingleses são favoráveis ao poder, à exceção de um único, *The Vindicator*, em Montreal. Mas ele foi fundado por canadenses.

3. Nas cidades, os ingleses e os canadenses formam duas sociedades. Os ingleses exibem um grande luxo. Não há entre os canadenses senão fortunas muito medíocres. Daí, orgulho de raça e de classe.

4. Os ingleses têm em mãos todo o comércio exterior, e dirigem como chefes o comércio interior; uma vez mais, orgulho.

5. Os ingleses apoderam-se todos os dias das terras que os canadenses acreditavam estar reservadas à sua raça.

Enfim, os ingleses mostram-se no Canadá com todas as características de seu caráter nacional, e os canadenses conservaram toda a fisionomia do caráter francês. A bem

[20] Denominado Câmara de Assembleia (The House of Assembly).

da verdade, os canadenses ainda são exatamente franceses, consequentemente, o oposto das populações inglesas que os cercam: vivos, irônicos, amando a glória e a agitação, inteligentes, eminentemente sociáveis. O povo ali é só mais moral, hospitaleiro, religioso do que na França. Só no Canadá pode-se encontrar o que na França chama-se boa criança: algo desconhecido na Inglaterra e nos Estados Unidos.

Ainda é possível que o Baixo Canadá acabe por se tornar um povo inteiramente francês; mas jamais será um povo numeroso. Tudo se tornará inglês à sua volta: será a gota de água que se perde no oceano.

Quebec, 4 de setembro de 1831.

Algumas ideias sobre as causas que se opõem a que os franceses tenham boas colônias. As primeiras dificuldades, é preciso dizê-lo, encontram-se em nosso caráter nacional, nossos hábitos políticos e nossas leis.

É fácil observar no caráter nacional uma singular mistura de pendores caseiros e ardor aventureiro: duas coisas igualmente ruins para a colonização.

O francês é ao mesmo tempo o homem mais apegado naturalmente ao lar, e, quando, por acaso, abandonou-o, é o mais propício a apaixonar-se pela aventura da vida selvagem.

Essas duas disposições que se encontram no caráter francês são singularmente desfavoráveis ao estabelecimento de uma colônia.

É quase impossível persuadir a população pobre e honesta de nossos campos a ir em busca de fortuna fora de sua pátria. O camponês teme menos a miséria no lugar que o viu nascer do que as oportunidades e os rigores de um exílio distante. É, no entanto, com essa espécie de homens que se pode formar o núcleo de uma boa colônia.

Transportado com grande dificuldade a uma outra margem, dificilmente consegue-se fixá-lo. Nunca se observará nele esse desejo ardente e obstinado de fazer fortuna que estimula a cada dia os esforços dos ingleses e parece direcionar simultaneamente todos os meios de seu espírito para um único objetivo. O colono francês melhora lentamente a terra que se lhe entrega. Seus progressos em tudo são pouco rápidos; pouca coisa basta às suas necessidades; é incessantemente levado pelos encantos de uma vida ociosa e vagabunda.

A esse primeiro obstáculo que opõe nosso caráter nacional vêm juntar-se aqueles que nascem de nossos hábitos políticos e de nossas leis.

Desde há vários séculos, o governo na França trabalha incessantemente para atrair para si a decisão de todos os negócios. Hoje, pode-se dizer que não apenas ele governa, mas, ainda, administra todas as atividades do reino. Não busco absolutamente aqui o que pode haver de útil ou de perigoso nesse estado de coisas: limito-me a constatar que ele existe.

As obrigações legais e os hábitos políticos que resultam disso são pouco favoráveis à fundação e, sobretudo, ao desenvolvimento de uma colônia. Se o governo amiúde se encontra na impossibilidade de julgar saudavelmente e resolver em tempo oportuno as dificuldades que surgem numa província vizinha ao centro do império, por razão ainda mais forte o mesmo ocorrerá quando for preciso ocupar-se de interesses que se apresentam a três mil léguas daqui.

Fornecer os meios de execução, escolher hábeis agentes, impor certas leis gerais das quais não seja permitido afastar-se, tais são as únicas obrigações que deve impor-se a mãe-pátria quando envia alguns de seus filhos buscar fortuna num outro hemisfério. Quanto aos cuidados cotidianos da administração pública, aos esforços individuais dos colonos, a metrópole não pode nem deve ter a pretensão de dirigi-los. Esse procedimento é aquele que todas as grandes nações colonizadoras adotaram. Mas devemos observar que nenhuma delas havia centralizado o governo em seu seio.

Nunca aconteceu do mesmo modo entre nós. Viu-se, ao contrário, a França esforçar-se incessantemente para transportar para além dos mares princípios de governo e regras administrativas que a própria natureza das coisas rejeitava. Seja por falta de confiança naqueles que empregava, seja mais por orgulho de poder e império dos hábitos, o governo francês sempre fez esforços surpreendentes para conservar à frente da colônia o mesmo lugar que ele ocupa no centro do reino. Viu-se ele querer julgar o que não podia conhecer, regulamentar uma sociedade diferente daquela que estava sob seus olhos, prover a necessidades que ignorava, e para julgar melhor, manter todos os interesses e todos os direitos em suspenso. Ele quis tudo prever de antemão. Temeu reportar-se ao zelo, ou melhor, ao interesse pessoal dos colonos. Foi-lhe necessário tudo examinar, tudo dirigir, tudo vigiar, tudo fazer por si mesmo. Abraçou uma obra imensa e esgotou-se em vãos esforços.

Por outro lado, a educação política que o colono francês recebe em sua pátria tornou-o até o presente pouco apropriado a dispensar facilmente uma tutela. Transportado para um local onde, para prosperar, deve dirigir-se a si mesmo, mostra-se incomodado no exercício de seus novos direitos. Se o governo tem a pretensão de tudo fazer para ele, ele, por sua vez, é demasiado inclinado a apelar para o governo em todas as suas necessidades. Não confia absolutamente em seus próprios esforços. Tem pouco gosto pela independência, e quase é preciso forçá-lo a ser livre.

O exemplo do Novo Mundo provou, contudo, que se a energia individual e a arte de governar a si mesmo fosse útil a todas as sociedades, assim seria sobretudo para aquelas que nascem e desenvolvem-se, como as colônias, num isolamento forçado.

A história dos últimos séculos apresenta, é preciso confessá-lo, um singular espetáculo.

Vê-se a França empreender um vasto sistema de colônias. Os planos são habilmente concebidos, os lugares bem escolhidos. Tratava-se de unir por uma cadeia ininterrupta de estabelecimentos o São Lourenço ao Mississipi e, assim, fundar no centro da América do Norte um novo império francês do qual o Canadá e a Louisiana teriam sido os dois mercados.

Grandes sacrifícios de homens, enormes dispêndios de dinheiro e cuidados são feitos para alcançar esse objetivo. O governo ocupa-se incessantemente desses novos estabelecimentos e não abandona por um único instante o dever de dirigi-los; e, no entanto, malgrado tantos esforços, as colônias languescem. A terra abre-se em vão ante os passos dos franceses; eles não avançam de modo algum nas férteis regiões desertas que os cercam; a população cresce com dificuldade. A ignorância parece ampliar-se. A nova sociedade permanece estacionária. Não ganha nem força nem riqueza. Sucumbe, enfim, depois de ter lutado com uma coragem heroica contra a agressão estrangeira.

Perto dali, no litoral do oceano, vêm estabelecer-se os ingleses. Uns são enviados pela mãe-pátria, outros escaparam de seu seio. Uma vez que puseram os pés sobre o solo americano, dir-se-ia que se tornaram estranhos à Inglaterra, de tanto que esta parece pouco preocupada em governá-los. Eles têm, desde o início, suas assembleias políticas e seus tribunais; nomeiam a maioria de seus magistrados, organizam sua milícia, proveem a suas necessidades, fazem suas regras de polícia e suas leis. A metrópole não se envolve em quase nada de seus assuntos internos; ela só age para proteger seu comércio e garanti-los dos ataques do estrangeiro.

E, contudo, esses estabelecimentos assim abandonados a eles próprios, que não custam nem dinheiro, nem cuidados, nem esforços à mãe-pátria, dobram sua população a cada período de vinte e dois anos, e tornam-se fontes de riquezas e luzes.

É preciso reconhecê-lo, porque a experiência o demonstra, fundar uma colônia é para a França entregar-se a uma empresa repleta de perigos e de um sucesso muito incerto...

Última coisa a considerar:

Para fundar uma colônia distante, é preciso estar seguro de ter e conservar o império do mar...

***

De 10 de setembro de 1831 a 30 de janeiro de 1832. O lago Champlain. Boston. Hartford. Nova York. Filadélfia. Baltimore. Pittsburg. Cincinnati. Louisville. Sandy Bridge. Menphis. Nova Orleans. Norfolk. Washington.

10 de setembro. Partida de Quebec. Lago Champlain. Retorno a Albany...

Boston, 19 de setembro de 1831. Percorremos o estado de Massachusetts em sua maior extensão, indo de Albany a Boston. Achamos que seu aspecto diferia inteiramente daquele do estado de Nova York. Já não há mais *log-houses*, árvores queimadas, troncos abandonados no meio dos campos; em resumo, não há mais vestígios da *wilderness*.

As terras são bem cultivadas; a região tem um aspecto antigo. As casas são quase todas encantadoras (sobretudo nos vilarejos). Reina ali um luxo de esmero singular. A própria região é mais pitoresca, salpicada de colinas e montanhas.

Boston, 20 de setembro de 1831. Boston é uma bela cidade situada sobre várias colinas, no meio das águas.

O que vimos de seus habitantes, até o momento, difere inteiramente do que observamos em Nova York. A sociedade, ao menos aquela na qual fomos introduzidos, assemelha-se quase completamente às altas classes da Europa. Reina ali o luxo, certo refinamento. Quase todas as mulheres de lá falam bem francês, e todos os homens que encontramos até agora estiveram na Europa. Seus modos são distintos. Suas conversações desenvolvem-se sobre temas intelectuais. Sentimo-nos sair desses hábitos comerciais e desse espírito financeiro que dominam na sociedade de Nova York. Já existe em Boston um certo número de pessoas que, não tendo nada a fazer, busca os prazeres do espírito. Alguns escrevem. Já vimos três ou quatro bibliotecas muito bonitas e todas literárias.

É verdade que praticamente só vemos homens distintos, mas estes são de um tipo diferente daquele dos homens distintos de Nova York. Parece, de resto, que o preconceito contra as pessoas que não fazem nada (preconceito, em suma, muito útil) ainda tem uma grande força em Boston. Lá, o trabalho do espírito dirige-se sobretudo para as matérias religiosas. De 25 publicações semiperiódicas que são encontradas em Athenaeum, doze delas têm mais ou menos relação com a religião.

Boston, 22 de setembro de 1831. ... O que mais nos incomoda na Europa são os homens que, nascidos numa condição social inferior, receberam uma educação que lhes dá vontade de sair dela sem fornecer-lhes os meios para isso.

Na América, esse inconveniente da educação é quase insensível. A instrução fornece sempre os meios naturais para enriquecer-se, e não cria qualquer mal-estar social.

Boston, 22 de setembro de 1831. *Conversação com o sr. Gray, senador de Massachussets* (homem de muito talento).

Sr. Gray disse-me hoje:

Vejo como mais difícil ainda de estabelecer num povo instituições municipais; refiro-me não às formas, mas ao próprio espírito que as vivifica. O hábito de tratar todos os assuntos por discussão e conduzi-los todos, mesmo os menores, por meio das maiorias; esse hábito adquire-se mais dificilmente do que todos os outros. É só ele, contudo, que constitui os governos realmente livres. É ele que distingue a Nova Inglaterra não apenas de todos os países da Europa, mas ainda de todas as outras partes da América. Nossos próprios filhos nunca se dirigem a seus professores para resolver suas querelas. Resolvem tudo entre eles, e não há *homem de quinze anos* entre nós que já não tenha cem vezes desempenhado as funções de jurado. Não duvido em absoluto de que o último homem do povo em Boston tenha um espírito mais verdadeiramente parlamentar e esteja mais habituado às discussões públicas do que a maioria de vossos deputados. Mas também trabalhamos há duzentos anos para formar esse espírito, e temos por ponto de partida o espírito inglês e uma religião totalmente republicana.

P – Acreditais que o *caráter político* dos habitantes da Nova Inglaterra não deve muito à sua natureza?

R – A natureza tem alguma importância nisso; mas é sobretudo o fato das leis e ainda mais dos hábitos.

Boston, 22 de setembro de 1831. ... Como quereis que um homem que adquiriu o hábito de obedecer a uma vontade estranha e arbitrária em quase todas as ações de sua vida, e notadamente naquelas que tocam de mais perto o coração humano, conceba um verdadeiro gosto pela grande liberdade política?

As instituições comunais não só dão a arte de servir-se da liberdade, como também fazem adquirir o verdadeiro gosto da liberdade. Sem elas, os povos experimentam o gosto da liberdade política como desejos de criança ou arrebatamentos de jovem, que o primeiro obstáculo vem apagar e acalmar.

Boston, 23 de setembro de 1831. Para que a democracia possa governar, é necessário que haja *cidadãos*, pessoas que, interessando-se pela coisa pública, tenham a capacidade de envolver-se com ela e a queiram: ponto capital ao qual deve-se sempre retornar.

Boston, 1º de outubro de 1831. *Entrevista com o sr. John Quincy Adams, ex-presidente dos Estados Unidos.*

Nós o encontramos na residência do sr. Édouard Everett, onde jantávamos. Ele foi recebido com muita polidez, como um convidado distinto: mas eis tudo. A maioria dos convidados tratava-o por *sir*. Alguns davam-lhe por cortesia o título de sr. todo seu vigor de espírito e corpo. Fala francês com facilidade e elegância. Encontrava-me a seu lado à mesa e tivemos juntos uma longa conversação. Exprimia-lhe a surpresa que tive ao constatar a que ponto o povo americano prescinde de governo. Eu observava entre outras coisas esse costume comum a todas as opiniões e a todos os partidos políticos de enviar seus representantes a um local designado de antemão e reuni-los em convenção. O sr. Adams respondeu: "O costume dessas convenções data de cinco a seis anos apenas. Hoje, nós as temos para todos os tipos de coisas. Todavia, para expressar-vos francamente minha opinião, creio que essas assembleias são perigosas. Elas usurpam o lugar dos corpos políticos, e podem acabar por entravar absolutamente sua ação."

Falávamos do caráter dos americanos em geral, e ele dizia: "Há dois fatos que têm uma grande influência sobre nosso caráter: no Norte, as doutrinas religiosas e políticas dos primeiros fundadores da Nova Inglaterra; no Sul, a escravidão.

P – Considerais a escravidão como uma grande chaga para os Estados Unidos? – Perguntei-lhe.

R – Sim, sem dúvida. É aí que se encontram quase todas as dificuldades do presente e os temores do futuro.

P – Os habitantes do Sul dão-se conta desse estado de coisas?

R – Sim, no fundo de seus corações. Mas é uma verdade que eles não reconhecem absolutamente, embora seja evidente que ela os preocupa. A escravidão modificou todo o estado da sociedade no Sul – acrescentou o sr. Adams. – Lá, os brancos formam entre si uma classe que tem todas as ideias, todas as paixões, todos os preconceitos da aristocracia. Mas não vos enganais em relação a isso; em nenhum lugar a igualdade entre os brancos é tão grande quanto no Sul. Aqui temos uma grande igualdade ante a lei; mas ela cessa absolutamente nos hábitos da vida. Há classes superiores e classes operárias. Todo homem branco no Sul é um ser igualmente privilegiado, cujo destino é fazer os negros trabalharem sem ele próprio trabalhar. Não podeis conceber a que ponto a ideia segundo a qual um trabalho é uma desonra penetrou no espírito dos americanos do Sul. Toda empresa na qual os negros não podem servir de agentes inferiores não pode lograr êxito nessa parte da União. Todos aqueles que fazem um grande comércio em Charleston e nas cidades foram da Nova Inglaterra. Recordo-me de que um deputado sulista, encontrando-se à minha mesa em Washington, não podia impedir-se de exprimir sua surpresa ao ver empregados brancos ocupados em nos servir. Ele disse à sra. Adams: "Creio que é degradar a espécie humana servir-se de homens brancos como domésticos. Quando um deles vem trocar meu prato, sou sempre tentado a oferecer-lhe meu lugar à mesa." Desse ócio no qual vivem os brancos no Sul, resultam grandes diferenças em seu caráter. Eles entregam-se aos exercícios do corpo, à caça, à cavalgada. São robustos, corajosos, cheios de orgulho. O que se chama ponto de honra, é ali mais delicado do que em qualquer outro lugar, por sinal; os duelos são ali frequentes.

P — Pensais que, com efeito, não se possa prescindir de negros no Sul?

R — Estou convencido do contrário. Os europeus trabalham a terra na Grécia e na Sicília. Por que não o fariam na Virgínia e nas Carolinas, onde faz igualmente calor?

P — O número de escravos aumenta?

R — Diminui em todas as províncias que se encontram ao norte de Delaware, porque lá se cultiva trigo e tabaco, culturas para as quais os negros são mais estorvo do que utilidade. Eles são, então, transferidos de lá para as províncias onde são produzidos o algodão e o açúcar. Nessas províncias seu número aumenta. Eles são pouco numerosos nos estados do Oeste onde foram introduzidos. Não conheço nada de mais insolente que um negro — acrescentou o sr. Adams —, quando ele não diz palavra a seu senhor e não teme ser espancado. Não é nem mesmo raro ver negros tratarem muito mal seu senhor quando têm diante deles um homem fraco. As negras, sobretudo, abusam frequentemente das bondades de suas senhoras. Elas sabem que não é costume infligir-lhes castigos corporais...

Falamos da religião, que o sr. Adams parecia considerar como uma das principais garantias da sociedade americana.

Perguntei-lhe se ele acreditava que o princípio religioso estivesse em decadência nos Estado Unidos.

— Se compararmos o estado atual àquele de há um século, sim, — respondeu-me; — mas se compararmos o que existe hoje e o que existia há quarenta anos, creio que a religião ganhou ao invés de perder. Há meio século, a filosofia de Voltaire na França, a escola de Hume na Inglaterra, haviam estremecido todas as crenças da Europa; o contragolpe fazia-se sentir fortemente na América. Desde então, os crimes da Revolução Francesa causaram uma profunda impressão em nós; houve reação nos espíritos, e essa impressão ainda dura.

Observai, contudo, — disse-lhe — o caminho que fizeram os espíritos desde o ponto de partida do catolicismo. Não acreditais que sua marcha continua, e não vedes no unitarismo deste país o último elo que separa o cristianismo da religião natural?

O sr. Adams confessou-me que tal era a sua opinião. E acrescentou:

— De resto, todos os unitaristas de Boston reclamam fortemente contra essa consequência atribuída à sua doutrina, e mantêm-se com firmeza no posto extremo que ocupam...

O sr. Adams parece crer que uma das maiores garantias da ordem e da tranquilidade interior dos Estados Unidos encontra-se no movimento da população, que se dirige do litoral para o Oeste. — Muitas gerações passarão — acrescentou — antes que nós nos apercebamos do superpovoamento.

... Falei-lhe, então, dos perigos mais próximos da União e das causas que podiam conduzir à sua dissolução. O sr. Adams nada disse; mas era fácil ver que, quanto a isso, ele não tinha mais confiança do que eu no futuro.

O sr. Adams acaba de ser nomeado membro do Congresso. Muitas pessoas surpreendem-se com isso. É o primeiro dos presidentes a ingressar nos negócios públicos.

Boston, 2 de outubro de 1831. O sr. Sparks (Jared Sparks, editor de *La Correspondance de Washington*) dizia-me hoje: — As propriedades fundiárias, em Massachussets, não se dividem mais; o primogênito quase sempre herda a totalidade das terras. — O que acontece com os outros filhos? — perguntei. — Emigram para o Oeste.

(Este fato tem um imenso alcance.)

Boston, *id.* Fui ver hoje o sr. Channing, o mais célebre predicador e o escritor mais extraordinário da atualidade na América (no gênero grave). O sr. Channing, chefe da Igreja unitarista de Boston, é um pequeno homem que aparenta esgotamento pelo trabalho. Seus olhos são, no entanto, cheios de ardor, seus modos afetuosos. Possui uma voz das mais penetrantes que conheço... Recebeu-nos à maravilha, e tivemos com ele uma longa conversação da qual eis algumas partes.

Nós lhe falamos do pouco de religião que existia na França (comparativamente ao que existe nos Estados Unidos), e ele respondeu: — Tenho o mais vivo e mais constante interesse pela França: creio que seu destino está unido ao destino de toda a Europa.

Vós exerceis uma imensa força moral ao vosso redor, e todas as nações do continente seguir-vos-ão no caminho que vós trilhardes. Tendes em vossas mãos o poder do bem ou do mal ao grau mais elevado do que qualquer povo que já existiu. Não posso crer que se deva perder a esperança de ver a França religiosa. Tudo em vossa história testemunha que sois um povo religioso, e, além do mais, creio que a religião é uma necessidade tão premente para o coração do homem, que é contra a natureza das coisas que uma grande nação permaneça irreligiosa. Espero, ao contrário, que vós dareis um novo passo rumo à perfectibilidade humana, e que não vos detereis, como os ingleses, a meio caminho. Eles permaneceram no protestantismo do século XVII. Tenho confiança em que a França seja chamada a mais elevados destinos e encontre uma forma religiosa ainda mais pura.

Falamos ao sr. Channing do unitarismo, e lhe dissemos que muitas pessoas pertencentes a seitas protestantes haviam-nos falado com desconfiança.

— A questão entre nós — respondeu o sr. Channing — é saber se o século XVII pode retornar, ou se ele passou sem retorno. Eles abriram o caminho, e pretendem deter-se precisamente no ponto onde o primeiro inovador deteve-se. Quanto a nós, pretendemos avançar; sustentamos que se a razão humana vai-se aperfeiçoando, o que ela acreditou num século ainda grosseiro e corrompido, não pode convir em tudo e por tudo ao século esclarecido em que vivemos.

— Mas não temeis — perguntei-lhe francamente — que por força de depurar o cristianismo acabeis por fazer desaparecer sua substância? Estou apavorado, confesso, pelo caminho percorrido pelo espírito humano desde o catolicismo; temo que ele chegue, enfim, à religião natural.

— Creio que semelhante resultado — retomou o sr. Channing — deve ser pouco temível. O espírito humano necessita de uma religião positiva; e por que abandonaria a religião cristã? Suas provas nada temem do mais sério exame da razão.

— Permiti-me uma objeção — eu disse; — ela aplica-se não apenas ao unitarismo, mas a todas as seitas protestantes, e tem, inclusive, um grande alcance no mundo político. Não acreditai que a natureza humana é de tal forma constituída que, quaisquer que sejam os aperfeiçoamentos da educação e o estado da sociedade, sempre haverá uma grande massa de homens incapazes, pela natureza de sua posição, de fazer trabalhar sua razão sobre as questões teóricas e abstratas, e que, se eles não tiverem uma fé dogmática, não crerão precisamente em nada?

O sr. Channing respondeu: — A objeção que acabais de fazer é, com efeito, a mais séria de todas aquelas que se pode fazer contra o princípio do protestantismo. Não creio, contudo, que ela não tenha réplica. Primeiramente, penso que, para todo homem que tem o coração reto, as questões religiosas não são tão difíceis quanto pareceis crê-lo, e que Deus pôs sua solução ao alcance do homem. Em segundo lugar, parece-me que o catolicismo não suprime em absoluto a dificuldade. Confesso que, uma vez que admitimos o dogma da infalibilidade da Igreja, o resto torna-se fácil. Mas para admitir esse primeiro ponto, deveis apelar à razão.

Esse argumento pareceu-me mais falacioso do que sólido: mas como tínhamos um tempo muito limitado, encarei a questão sob outro prisma, e repliquei:

— Parece-me que o catolicismo havia estabelecido o governo dos capazes ou da aristocracia na religião, e que nele introduzistes a democracia: ora, confesso-vos, a possibilidade de governar a sociedade religiosa bem como a sociedade política por meio da democracia ainda não me parece absolutamente provada pela experiência.

O sr. Channing respondeu: — Creio que não se deve levar demasiado longe a comparação entre as duas sociedades. No que me concerne, creio que todo homem está em condição de compreender as verdades religiosas, e não creio que todo homem esteja em condição de entender as questões políticas. Quando vejo submeterem ao julgamento do povo a questão da tarifa, por exemplo, que divide os maiores economistas, parece-me que seria semelhante a tomar por juiz meu filho ali (mostrando-nos uma criança de dez anos). Não, não posso crer que a sociedade civil seja feita para ser dirigida de maneira direta pelas massas, sempre comparativamente ignorantes. Penso que vamos demasiado longe...

Hartford (Connecticut), 5 de outubro de 1831. Vi hoje no hospital dos surdos-mudos uma jovem surda, muda e cega. Ela conseguia, no entanto, costurar, e enfiava a linha na agulha. De tempos em tempos, sorria com seus pensamentos. Foi um singular espetáculo.

Como o ridículo ou o risível pode produzir-se a uma alma assim murada? Que forma assume?

O diretor disse-nos que ela era doce e muito fácil de ser conduzida. Acrescentou que seu olfato era tão aperfeiçoado que ela reconhecia por esse único sentido aquele ou aquela que se aproximava dela...

Já houve aqui três ou quatro negros no estabelecimento. Asseguraram-me que não se percebia qualquer diferença entre sua inteligência e aquela dos brancos.

Nova York, 15 de outubro de 1831. Observou-se na Europa que a divisão do trabalho tornava o homem infinitamente mais capaz de ocupar-se do detalhe ao qual ele se aplica, mas diminui sua *capacidade geral*. O operário assim empregado torna-se mestre em sua especialidade, mas um bruto em todo o resto. Exemplo da Inglaterra: estado pavoroso das classes operárias nesse país. O que torna o americano do povo um homem tão inteligente é que a divisão do trabalho não existe, por assim dizer, na América. Cada um faz um pouco de tudo. Faz cada coisa menos bem que o europeu que se ocupa exclusivamente daquilo, mas sua capacidade geral é cem vezes mais ampla. Grande causa de superioridade nos assuntos habituais da vida e do governo da sociedade!

Nova York, 15 de outubro de 1831. *Do poder judiciário e da legalidade.*

Para que haja legalidade, é preciso não apenas que nada possa ser feito senão *em nome* da lei, mas ainda que sejam sempre tribunais que sejam encarregados de *dar-lhe* força e *interpretá-la*.

Na França, o reinado da lei é proclamado, mas o arbitrário refugia-se na execução.

Há uma grande quantidade de casos em que a ação administrativa não precisa recorrer à justiça para fazer-se obedecer: é o administrador que declara que tal é a lei e que a faz executar como se estivesse revestido do mandato da justiça.

Filadélfia, 28 de outubro de 1831. Conversação com o sr. Brown, advogado, riquíssimo plantador de Louisiana. (Ele foi por oito anos embaixador na França)

... Falávamos dos quakers, e ele me disse: — É lamentável que os quakers permitam-se portar trajes ridículos e proibir em toda circunstância a resistência à opressão. Sua doutrina, de resto, é admirável. Entre todas as seitas religiosas, é a única que sempre *praticou* a tolerância e a caridade cristã em toda a sua amplitude. As diversões são proibidas aos quakers; *fazer o bem* é sua única fruição. Infelizmente seu número diminui, e, além do mais, estão divididos entre si. Durante muito tempo professaram a doutrina segundo a qual eram as obras e não as crenças que salvavam; mas desde algum tempo eles abandonaram esse grande princípio. Hoje formam duas Igrejas distintas, das quais uma tem uma grande analogia com os unitaristas e nega como estes últimos a divindade de Jesus Cristo.

P — Porquanto estamos tratando de religião, ensinai-me, pois, o que devo pensar do princípio religioso neste país: ele só existe na superfície ou está profundamente enraizado nos corações? É uma crença ou uma doutrina?

R — Creio que há no fundo das almas da maioria uma bastante grande indiferença quanto ao dogma. Nunca se fala disso em nossas Igrejas; é apenas de moral que se trata. Todavia, na América, não conheço materialista. A firme crença na imortalidade da alma e na teoria das recompensas e dos castigos é, pode-se dizer, universal. É esse o campo comum onde todas as seitas encontram-se. Fui por muito tempo advogado, e sempre vi um grande respeito pela fé do juramento.

Falamos de Nova Orleans, onde residiu por vinte anos; disse-me: — Há, em Nova Orleans, uma classe de mulheres devotadas ao concubinato. São as mulheres de cor. A imoralidade é, de certa forma, para elas, uma profissão que desempenham com fidelidade. Uma moça de cor é destinada, desde seu nascimento, a ser amante de um branco. Quando ela se torna núbil, sua mãe cuida de estabelecê-la: é uma espécie de casamento temporário. Ele dura de hábito vários anos durante os quais é raríssimo que se tenha motivo para censurar alguma infidelidade àquela que se ligou dessa maneira. Elas passam, assim, de mão em mão até que, tendo adquirido certa riqueza, casam-se enfim com um homem de sua condição, e introduzem suas filhas na mesma via. — Eis — eu disse — uma ordem de coisas bem contrária à natureza; isso deve provocar uma grande perturbação na sociedade, pois não? — Nem tanto quanto poderíeis crer — respondeu o sr. Brown; — os jovens ricos são muito dissolutos; mas a imoralidade é restrita à esfera das mulheres de cor. As mulheres brancas de raça francesa e americana têm uma moral muito pura. Elas são virtuosas de início, imagino, porque a virtude lhes apraz, e, em seguida, porque as mulheres de cor não o são. Ter um amante seria assimilar-se a elas...

Num outro momento, o sr. Brown dizia-me: — Uma coisa bizarra é que em Nova Orleans os homens de cor estão sempre de comum acordo com os brancos contra os negros.

Filadélfia, 29 de outubro de 1831. *Da superioridade dos costumes sobre as leis.*

Depois de se ter refletido bem sobre os princípios que fazem os governos agirem, sobre aqueles que os sustentam ou arruínam, quando se passou muito tempo a calcular com cuidado qual é a influência das leis, sua bondade relativa e sua tendência, chega-se sempre a esse ponto que, acima de todas essas considerações, fora de todas essas leis, encontra-se uma força superior a elas: é o *espírito* e a *moral* do povo, seu *caráter*. As melhores leis não podem fazer funcionar uma constituição a despeito da moral; a moral tira partido das piores leis. Esta é uma verdade comum, mas à qual meus estudos reconduzem-me incessantemente. Ela se situa no meu espírito como um ponto central. Eu a percebo ao final de todas as minhas ideias.

As leis, contudo, *concorrem* a produzir o *espírito*, a *moral*, o *caráter* do povo. Mas em qual proporção? Aí está o grande problema ao qual nunca é demasiado refletir.

Baltimore, 30 de outubro de 1831. Conversação com o sr. Latrobe, distinto advogado de Baltimore.

P — Baltimore, que hoje conta 80 mil almas, não tinha trinta casas na época da revolução. O que, então, pôde dar a essa cidade um crescimento tão rápido?

R — De início, o resultado de nossa revolução; em seguida, a ruína de Santo Domingo, que fez refluir para cá muitas famílias francesas, e deu-nos o abastecimento da colônia; enfim, as guerras da revolução na Europa. A Inglaterra estava em guerra com todo o continente e dominava os mares: nós nos tornamos os intermediários da Europa.

P — É verdade que existem diferenças muito grandes entre os americanos do Norte e os do Sul?

R — Sim; em Baltimore, cremos poder reconhecer na rua um *yankee* ou até mesmo um habitante de Nova York ou da Filadélfia.

P — Mas quais são as principais características que distinguem as pessoas do Norte e as do Sul?

R — Eu exprimiria a diferença da seguinte maneira: o que distingue o Norte é o espírito empreendedor... O que distingue o Sul é o espírito aristocrático (*spirit of chivalry*). Os modos do habitante do Sul são francos, abertos; ele é excitável, até mesmo irritável, suscetível quanto à honra. O homem da Nova Inglaterra é frio, calculista, paciente. Enquanto estiverdes na casa de um homem do Sul, sois bem-vindo; partilha convosco todos os prazeres de sua casa. O homem do Norte, depois de vos ter recebido, começa a refletir se não poderia negociar convosco.

P – Pensais que se pode prescindir de escravos em Maryland?

R – Sim, estou convencido disso. A escravidão é, em geral, um meio de cultura dispendioso.

....

Há quinze anos, não era permitido dizer que a escravidão podia ser abolida em Maryland. Hoje, ninguém o contesta...

Baltimore, 1º de novembro de 1831.   Conversação com o sr. Stuart, médico.

O sr. Stuart disse-me: – Os médicos exercem uma certa influência nas pequenas localidades. Eles têm a confiança do povo e são frequentemente enviados às assembleias e ao Congresso. Algumas vezes também são enviados eclesiásticos; mas o caso é muito raro. Em geral, prefere-se manter o clero na Igreja e separá-lo do Estado.

P – Qual é vossa opinião sobre o espírito religioso nos Estados Unidos? Alguém ontem me pintava o povo americano como bastante indiferente, no fundo, no que concerne à religião, malgrado seu fervor aparente, e as classes esclarecidas como céticas e incrédulas, vendo na religião apenas uma instituição moral e política que importa conservar.

R – Essa pintura é pelo menos muito exagerada. A grande maioria nos Estados Unidos, entre o povo e, inclusive, entre as classes esclarecidas, é *verdadeiramente* religiosa, e sustenta firmemente essa opinião segundo a qual um homem não-cristão não dá qualquer garantia social. Essa opinião está tão profundamente enraizada que é a fonte de uma intolerância da qual não podeis fazer ideia. Se um ministro evangélico, conhecido por sua devoção, declarasse que em sua opinião tal homem era *infiel*, a carreira desse homem estaria quase certamente destruída... A opinião pública faz entre nós o que a Inquisição jamais pôde fazer. Vi, conheci um certo número de jovens que, depois de terem recebido uma educação científica, tendo pensado descobrir que a religião cristã não era verdadeira, e levados pelo ardor da juventude, começaram a manifestar abertamente essa opinião. Indignaram-se contra a intolerância dos cristãos devotados, e puseram-se em hostilidade aberta contra eles. Pois bem! Uns foram obrigados a abandonar a região ou ali vegetar miseravelmente. Os outros, sentindo que a luta era desigual, foram obrigados entrar em aparência nas vias da religião, ou ao menos guardar o silêncio. O número daqueles que a opinião pública acabou por silenciar é considerável. Não são publicados entre nós livros anticristãos, ou, ao menos, é muito raro. A irreligião, contudo, começa a transparecer em alguns jornais. Há um jornal dessa característica em Boston, um em Nova York, um em Jersey, um outro em Cincinnati. Mas os progressos dessa tendência são muito lentos.

Baltimore, 5 de novembro de 1831. Esta noite fomos visitar Charles Carroll. É o último sobrevivente dos signatários da Declaração de Independência. Ele descende de uma família inglesa muito antiga. Possui o mais vasto domínio hoje existente na América. A terra na qual habita contém 13 mil acres de extensão e trezentos negros escravos. Casou sua neta com o duque de Wellesley. É católico. Charles Carroll tem 95 anos. Sente-se muito rijo, não tem qualquer enfermidade; só sua memória é pouco segura. Entretanto, ainda conversa muito bem, como homem instruído e amável. Recebeu sua educação na França.

Acolheu-nos com muita bondade e afabilidade. A conversação fluiu sobre a época de sua vida, que foi a revolução. Lembrou-nos com um orgulho bem natural que havia assinado a Declaração de Independência, e que, por essa iniciativa, arriscava simultaneamente sua existência e sua fortuna, a mais considerável da América. Ousei perguntar-lhe se desde o princípio da querela as colônias haviam tido a intenção de separar-se da Grã-Bretanha.

— Não — respondeu-me Charles Carrol; — éramos fortemente ligados de coração à mãe-pátria; mas ela forçou-nos aos poucos a nos separar dela.

E acrescentou com uma grande bonomia:

— Não, sem dúvida, não imaginávamos que as coisas iriam tão longe! Mesmo quando assinávamos a Declaração de Independência, pensávamos que a Grã-Bretanha, apavorada com essa iniciativa, buscaria aproximar-se de nós, e que ainda poderíamos tornar a ser bons amigos. Mas os ingleses puxaram sua ponta e nós a nossa.

Falamos do governo dos Estados Unidos. Charles Carroll testemunhou lamentar as antigas instituições aristocráticas de Maryland. Em geral, tudo em sua conversação respirava o tom e as ideias da aristocracia inglesa, combinados algumas vezes de uma maneira original com os hábitos do governo democrático no qual ele vive, e as lembranças gloriosas da revolução americana. Acabou por dizer-nos:

"*A mere democracy is but a mob*"[21]. O governo da Inglaterra é o único conveniente — disse —; se suportamos o nosso é porque podemos empurrar todo ano para o Oeste nossos audaciosos.

---

[21] "Uma democracia pura não é outra coisa senão um populacho."

Todas as maneiras de ser e a mentalidade de Charles Carroll fazem-no assemelhar-se completamente com um gentil-homem da Europa. Provavelmente os grandes proprietários do Sul, na época da revolução, assemelhavam-se muito mais a esse modelo. É uma raça que hoje desaparece após ter fornecido os maiores homens à América. O povo instrui-se, os conhecimentos ampliam-se, uma capacidade média torna-se comum. Os talentos proeminentes, os grandes caracteres são mais raros. A sociedade é menos brilhante e mais próspera. Esses diversos efeitos da marcha da civilização e das luzes, dos quais se duvida só na Europa, aparecem com toda a sua clareza na América. A que se deve isso inicialmente? Ainda não sei.

Filadélfia, 18 de novembro de 1831. Conversação com o sr. Biddle, presidente do banco dos Estados Unidos... Conversação com o sr. Poinsett, ex-embaixador no México...

Sobre o *steamboat* Ohio (trajeto de Pittsburg a Louisville), 25 de novembro de 1831. No rio Ohio. Se a natureza não deu a cada povo um caráter nacional *indestrutível*, é preciso ao menos reconhecer que os hábitos, que causas físicas ou políticas fizeram o espírito de um povo adquirir, são bem difíceis a arrancar, mesmo quando ele cessa de estar submetido a uma dessas causas. Vimos no Canadá franceses vivendo há setenta anos sob o governo inglês, e permanecidos absolutamente semelhantes a seus antigos compatriotas da França. No meio deles vive uma população inglesa que nada perdeu de seu caráter nacional.

Faz ao menos cinquenta anos que colônias de alemães vieram estabelecer-se na Pensilvânia. Eles conservaram intacto o espírito e os costumes de sua pátria. Em torno deles agita-se uma população nômade na qual o desejo de enriquecer não tem absolutamente limites, que não se estabelece em nenhum lugar, não cria nenhum vínculo, mas se apresenta em toda parte onde se mostra a aparência da fortuna. Imóvel no meio desse movimento geral, o alemão limita seus desejos a melhorar pouco a pouco sua posição e aquela de sua família. Trabalha incessantemente, mas não abandona nada ao acaso; ele enriquece segura e lentamente; apega-se ao lar, confina sua felicidade em seu horizonte, e não sente qualquer curiosidade de conhecer o que se encontra além de seu último campo lavrado...

Efeitos do modo de eleição:
De duplo grau: boas escolhas.
Direta: más escolhas...

Cincinnati, 2 de dezembro de 1831. Conversação com o sr. Mac Lean, juiz na Corte Suprema dos Estados Unidos...

Louisville, 9 de dezembro de 1831...

Sandy Bridge, 15 de dezembro de 1831. (Tenessee[22]).
– Vim – diz-me nosso anfitrião de Sandy Bridge – da Carolina do Sul estabelecer-me nesta região há vários anos.

P – Explicai-me por que todas as habitações que encontramos no meio dos bosques oferecem um abrigo tão incompleto contra as intempéries. As paredes deixam passar a luminosidade, de tal sorte que a chuva e o vento introduzem-se sem dificuldade. Semelhante morada deve ser desagra-

---

[22] Sandy Bridge é o local onde Tocqueville adoeceu. (Ver nota, cap. II, *Voyage d'Amérique.*) (N. do E.F.)

dável e insalubre tanto para o proprietário quanto para o estrangeiro. Seria assim tão difícil de vedar?

R — Nada seria mais fácil: mas o habitante dessa região é em geral indolente. Ele vê o trabalho como um mal. Desde que tenha alimento suficiente e uma casa que possa oferecer-lhe um semiabrigo, está contente e só pensa em fumar e caçar.

P — Qual é, em sua opinião, a maior causa dessa indolência?

R — A escravidão. Estamos habituados a não fazer nada por nós mesmos. Não há no Tenessee cultivador que não tenha um ou dois negros. Quando ele não tem um número maior é com frequência obrigado a trabalhar com eles no campo. Mas basta que tenha uma dezena deles, o que é muito frequente, ele tem ao mesmo tempo um branco que os dirige, enquanto não faz absolutamente nada além de montar a cavalo e caçar. Não existe pequeno cultivador que não passe uma parte de seu tempo na caça e que não tenha em suas mãos um bom fuzil.

P — Credes que a cultura pelos escravos é econômica?

R — Não, considero-a mais cara do que se fossem utilizados operários livres.

Menphis, 25 de dezembro de 1831...

Nova Orleans, 1º de janeiro de 1832. Conversação com o sr. Mazureau, um dos primeiros advogados de Louisiana.

P — Dizem que há em Nova Orleans uma mistura de todas as nações?

R — É verdade, vemos aqui a mistura de todas as raças. Não

há país da América e da Europa que não nos tenha enviado representantes. Nova Orleans dá uma amostra de todos os povos.

P — Mas em meio a essa confusão, qual é a raça que domina e imprime o movimento ao resto?

R — A raça francesa até agora. É ela quem dá o tom e modela a moral...

Nova Orleans, 2 de janeiro de 1832. Conversação com o sr. Guillemin, cônsul da França.

— Esta região — disse-me o sr. Guillemin — é ainda essencialmente francesa de ideia, moral, costumes e modos. Modela-se abertamente consoante a França. Amiúde fiquei surpreso com a repercussão que tinham aqui nossas paixões políticas, e com a analogia que ainda existe em relação a esse ponto entre a população de Louisiana e a população da França. Com frequência aconteceu-me de tentar predizer, pela impressão que um acontecimento causava aqui, aquela que ele produzia na França, e sempre previ corretamente. Os habitantes de Louisiana ocupam-se mais com os assuntos da França do que com os seus.

P — Essa disposição deve ser favorável às relações comerciais que existem entre nós e os Estados Unidos?

R — Muito favorável. Considero como um dos maiores interesses para a França que os modos franceses conservem-se em Louisiana. Dessa maneira, uma das grandes portas da América resta-nos aberta. Ter-nos-ia sido bem difícil conservar a Louisiana como colônia. Todavia, teríamos podido, ao menos, mantê-la bastante tempo e lá dedicar muita atenção para criar um povo francês que se teria mantido em seguida por si mesmo. Somos bem fracos agora para nos apoiar contra a pressão das populações americanas. Quase todas as terras de Louisiana ainda estão nas mãos dos franceses, mas o alto comércio está nas mãos dos americanos. Há, deve-se dizê-lo, uma diferença muito grande entre as disposições dos dois povos para os negócios. Os franceses de Louisiana não são empreendedores no que concerne à indústria. Não gostam absolutamente de arriscar o adquirido pelo duvidoso; temem a desonra de uma falência. Os americanos que caem aqui do Norte todo ano são devorados pelo desejo de riquezas; abandonaram tudo para isso; eles vêm tendo pouca coisa a perder, e são muito pouco escrupulosos quanto à questão de honra que engaja os franceses a pagar suas dívidas.

P – Dessa luta que parece existir entre os americanos e os franceses em Louisiana, não existe animosidade entre as duas nações?

R – Censuram-se de parta a parte; veem-se pouco; mas, no fundo, não existe nenhuma autêntica inimizade. Os franceses não são aqui como no Canadá, um povo vencido. Eles vivem, ao contrário, no mesmo pé de igualdade real e completa. Realizam-se incessantemente uniões entre eles e os americanos. Enfim, a região goza de uma imensa prosperidade.

Nova Orleans, 2 de janeiro de 1832. Conversação com o sr. ***, advogado muito célebre em Nova Orleans.

Ele me dizia:

– Quando a assembleia está reunida e delibera, pode-se dizer que toda a legislação está em questão. Nossas câmaras são compostas em grande parte de jovens advogados, ignorantes e muito intrigantes. Todo mundo aqui crê poder ser legislador. Fazem, desfazem, rompem e cortam a torto e a direito. Eis um exemplo: desde a cessão à Espanha, muitos pontos de nosso direito civil eram regulados pelas leis espanholas. Ao final de 1828, a cessão chegando a seu fim, fizeram passar despercebidamente uma lei que revogava todas as leis em massa sem pôr nada eu seu lugar. No dia seguinte, ao despertarem, os advogados e os juízes souberam com estupefação a obra da véspera. Mas a coisa estava feita.

P – Mas por que os homens extraordinários não chegam à câmara legislativa?

R – Duvido que o povo os elegesse. Por sinal, dão pouca importância aos cargos públicos, e os homens proeminentes não os disputam.

(Isso é ao mesmo tempo o que faz o Estado ir tão mal, e o que o salva das revoluções.)

....

Estou, por sinal, surpreso com vários fatos que contrabalançam o que precede: assim, o governador atual de Louisiana, escolhido pela eleição popular, é um homem de talento e caráter. O sr. Johnson e o sr. Ed. Livingston, igualmente eleitos, são dois dos primeiros homens da União americana.

Alabama, 6 de janeiro de 1832. Conversação com o sr. ***, distinto advogado de Montgommery.

P – Vedes uma grande diferença entre o estado social do Norte e o do Sul?

R – Imensa. Nós, homens do Sul, talvez tenhamos mais meios naturais do que os do Norte; mas somos bem menos ativos e, sobretudo, menos perseverantes. Nossa instrução é muito negligenciada. Não existe entre nós qualquer sistema regular de ensino. Um terço de nossa população não sabe ler. Não se vê absolutamente o mesmo cuidado dedicado a todas as necessidades da sociedade, a mesma previdência do futuro.

P — Que força tem entre vós o sentimento religioso?

R — Há entre nós infinitamente menos moralidade do que no Norte. Mas o sentimento religioso propriamente dito talvez seja aqui mais exaltado. No Norte, há religião; aqui, fanatismo. A seita dos metodistas domina.

Norfolk (Virgínia), 17 de janeiro de 1832. Conversação com o sr. Poinsett.

P — Não credes que na ausência de meios coercitivos, tais como o *alistamento forçado* e o *registro marítimo*, seria difícil à União encontrar marujos em tempo de guerra?

R — Não. De início, a elevada remuneração dos recrutamentos sempre nos trará uma multidão de marujos estrangeiros; além disso, em tempo de guerra o comércio sofre, e uma multidão de marujos sem emprego não pede nada melhor que embarcar nos navios do Estado.

P — Quais são os princípios da União em matéria de comércio e de direito marítimo?

R — A mais perfeita reciprocidade em matéria de comércio. Observamos que as vantagens particulares que obtínhamos do estrangeiro não eram de modo algum equivalentes ao prejuízo que resulta da obrigação de conceder, em contrapartida, privilégios entre nós. Não só nós nunca pedimos para ser recebidos numa condição excepcional nos portos estrangeiros, como também recusamos completamente os privilégios. Foi o que fiz quando estive encarregado de negociar um tratado de comércio com os povos da América do Sul. Quanto ao nosso direito marítimo, sustentamos o princípio jurídico segundo o qual um beligerante não pode apreender um carregamento inimigo transportado num navio neutro. Creio que nisto estamos errados. Antes de mais nada, não sei se essa regra encontra-se com efeito no direito das pessoas. Mas o que há de certo é que o princípio contrário é de grande utilidade aos povos que dominam no mar. Ora, em pouco tempo nós nos encontraremos nessa posição. Ser-nos-á necessário, então, renegar nossos princípios, o que é sempre nocivo a uma nação tanto quanto a um homem. O princípio jurídico supracitado só é bom para as nações que jamais podem esperar dominar os mares.

Washington, 28 de janeiro de 1852. Reunião do Congresso. Pequeno número de membros do Congresso... Quanto mais numerosas são as assembleias políticas, mais elas reforçam a direção oligárquica de alguns membros.

Washington, 30 de janeiro de 1852. Grandes homens dos primeiros tempos da República! Suas luzes, seu patriotismo verdadeiro! Seu caráter elevado!

Vão-se os deuses!!!

Admirou-se Washington por não ter desejado apoderar-se da ditadura, por ter entrado na multidão... Ignorância do verdadeiro estado de coisas; lembranças históricas mal aplicadas; Cincinnatus!... Washington não podia razoavelmente pensar em dominar.

Mas o que deve ser admirado nele é sua resistência aos exageros da opinião popular. Aí se encontra sua superioridade; é este o ponto culminante.

Washington não podia elevar-se pelas armas (absurdo), mas pelo favor popular; e ele não o buscou em nenhum momento.

Eis por que Washington, a quem a maioria acabou por esquecer em vida, tornou-se mais que um homem após sua morte...